IBC対訳ライブラリー

英語で読む
宮沢賢治短編集
Short Stories of
Kenji Miyazawa

原　　作：宮沢賢治
英　　文：ニーナ・ウェグナー
日本語訳：宇野葉子
英語解説：出水田隆文

カバー・本文イラスト＝山田勇男
ナレーション＝Peter von Gomm
録音スタジオ＝株式会社巧芸創作

夢とユーモア

山田勇男

　あれはたぶん、冬にさしかかる曇空の山のなか、風にふるえながら息が出来ないでいる小学生のわたしに、宮沢賢治が語ってくれたのが、イーハートヴ童話集でした。

　　これらのわたしのおはなしは、
　　みんな林や野はらや鉄道線路やらで、
　　虹や月あかりからもらってきたのです

　その「序」を目を閉じて辿ると、さびしくてたまらず、美しいものが欲しくてたまらず種山ヶ原や岩手山を、夜中じゅう歩き廻り、疲れたからだを野宿や駅の待合室で休ませながら、ちいさな手帳に書き留めたそのひとの「心象スケッチ」から生まれたのでした。
　そのひとから「きれいにすきとほつた風をたべ、桃いろのうつくしい朝の日光をのむこと」は、幻想を生きることだと知りました。

星のぎっしり詰まった空を、屋根の上から夜通し眺め、地球のかけらが手元の石ころだと教えられました。地球のかけらとして、「石」をとらえるこゝろのありようを思うと、この世の社会性を越え、夢も現実も区別の出来ない境界線の世界こそ、宇宙の匂いとでもいうリアリティに満ちていることなのだと、いつくしみ、かなしく見詰めているのでした。

ひたすら夢を描くこと、ひたすら死を描くことはすべて、幻想の本質を描いていることなのだと、そのひとは語り続けている気がしてならないのです。

それでもこれらの童話には、ユーモアがあふれています。現実ではありようもない動物たちとのやりとりが『どんぐりと山猫』、『注文の多い料理店』、最後の童話作品『セロ弾きのゴーシュ』のなかでは、何か燃えつきるような生き方に寄り添う滑稽さとなり、遠くの町

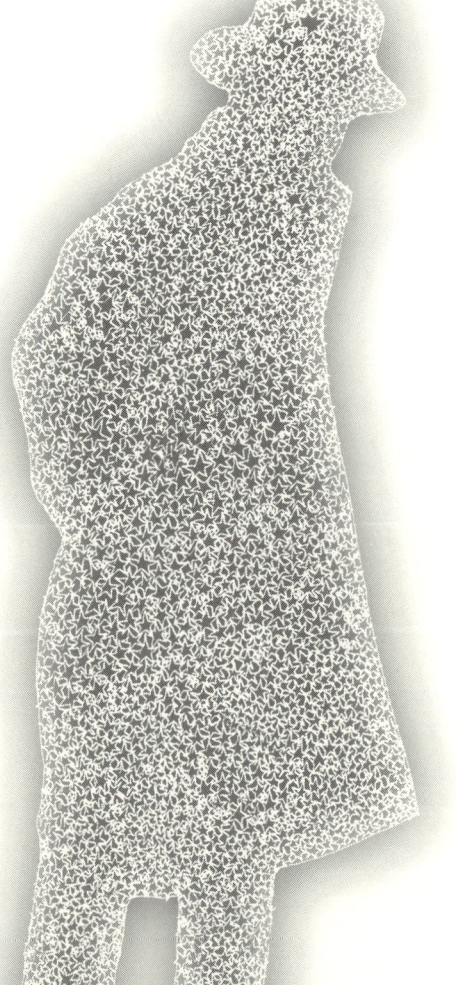

にやってきた『毒もみの好きな署長さん』の風貌や言動にもあります。それら喚起する幼なごころをくすぐられて、ほくそ笑む影で懐かしさ、思想、風刺が青白く光っているのです。

● 山田勇男　Yamada Isao
1952年、北海道生まれ。
74年、演劇実験室天井桟敷に入団。寺山修司監督作品映画の美術・衣装デザインを担当。77年、札幌にて漫画家・故湊谷夢吉らと銀河画報社映画倶楽部を結成。
稲垣足穂の「一千一秒物語」をモチーフに製作した処女作『スバルの夜』以来、現在まで8mmフィルム作品を中心に100本を超えるアート・フィルムを制作。気配・影などの"ゆらぎ"、そして夢と現実の"はざま"を写し取る、詩的な映像世界を紡いでいる。独自の世界観を持った映像は国内外で評価が高く、フランス（パリ、ブザンソン）、ドイツ（オーバーハウゼン映画祭）、スウェーデン（ストックホルム現代美術館）などで特集上映が組まれ、作品は海外の美術館や大学に収蔵されている。
劇場映画の監督作品は、『アンモナイトのささやきを聞いた』（1992, カンヌ国際映画祭招待）、つげ義春原作『蒸発旅日記』（2003）、『シュトルム・ウント・ドランクッ』（2014）。
一方、漫画家、装丁家としての顔も持ち、「ヤマヴィカ製文字」によって独特な世界観を紡ぎ出す。
山田勇男についての書籍は『夢のフィールド』（1992）『星のフラグメント』（2003）、自身の著作には漫画集『戯れ』（2008）、細密ペン画集『人魚』（2013）などがある。

本書の構成

本書は、

- □ 英日対訳による本文
- □ 覚えておきたい英語表現
- □ 欄外の語注
- □ MP3形式の英文音声

で構成されています。

　本書は、宮沢賢治の童話作品をやさしく英訳したものにあらためて日本語訳をつけました。そのため、原著とは異なる日本語になっています。

　各ページの下部には、英語を読み進める上で助けとなるよう単語・熟語の意味が掲載されています。また左右ページは、段落のはじまりが対応していますので、日本語を読んで英語を確認するという読み方もスムーズにできるようになっています。またシーンごとに英語解説がありますので、本文を楽しんだ後に、英語の使い方などをチェックしていただくのに最適です。

付属のCD-ROMについて

本書に付属のCD-ROMに収録されている音声は、パソコンや携帯音楽プレーヤーなどで再生することができるMP3ファイル形式です。一般的な音楽CDプレーヤーでは再生できませんので、ご注意ください。

■音声ファイルについて

　付属のCD-ROMには、本書の英語パートの朗読音声が収録されています。本文左ページに出てくるヘッドホンマーク内の数字とファイル名の数字がそれぞれ対応しています。

　パソコンや携帯プレーヤーで、お好きな箇所を繰り返し聴いていただくことで、発音のチェックだけでなく、英語で物語を理解する力が自然に身に付きます。

■音声ファイルの利用方法について

　CD-ROMをパソコンのCD/DVDドライブに入れて、iTunesやx-アプリなどの音楽再生（管理）ソフトにCD-ROM上の音声ファイルを取り込んでご利用ください。

■パソコンの音楽再生ソフトへの取り込みについて

　パソコンにMP3形式の音声ファイルを再生できるアプリケーションがインストールされていることをご確認ください。

　通常のオーディオCDと異なり、CD-ROMをパソコンのCD/DVDドライブに入れても、多くの場合音楽再生ソフトは自動的に起動しません。ご自分でアプリケーションを直接起動して、「ファイル」メニューから「ライブラリに追加」したり、再生ソフトのウインドウ上にファイルをマウスでドラッグ＆ドロップするなどして取り込んでください。

　音楽再生ソフトの詳しい操作方法や、携帯音楽プレーヤーへのファイルの転送方法については、ソフトやプレーヤーに付属のマニュアルやオンラインヘルプで確認するか、アプリケーションの開発元にお問い合わせください。

CONTENTS

Gorsch the Cellist 9
セロ弾きのゴーシュ

覚えておきたい英語表現　*84*

The Police Chief 87
毒もみのすきな署長さん

覚えておきたい英語表現　*112*

The Restaurant of Many Orders *115*
注文の多い料理店

覚えておきたい英語表現　*158*

The Wild Cat and the Acorns *161*
どんぐりと山猫

覚えておきたい英語表現　*204*

文法基礎講座 *207*

Gorsch the Cellist
セロ弾きのゴーシュ

Gorsch the Cellist

Gorsch was known as the man who played the cello at the theater in town. Sadly, everybody knew he was not a very good musician. But maybe the words "not very good" were too kind. The truth was that Gorsch was a bad cello player. In fact, he was probably the worst musician in the orchestra. The conductor was always getting mad at him for it.

One day, Gorsch and the other musicians were practicing the Sixth Symphony at the theater. They were going to play the Sixth Symphony at the town hall soon.

■cellist 名セロ奏者 ■known as ～として知られる ■cello 名セロ《楽器。チェロの別名》 ■orchestra 名オーケストラ ■conductor 名指揮者 ■get mad at ～に怒る ■going to do ～することになっている

ゴーシュは町の劇場のセロ弾きとして知られていました。残念なことに、あまり上手な楽手ではないことは誰もが知っていました。でも、「あまり上手ではない」という言い方は親切すぎるかもしれません。本当は、ゴーシュはセロを弾くのが下手でした。それどころか、楽団でおそらく一番下手な楽手だったと言えます。そのことでいつも楽長に怒られていました。

　ある日、ゴーシュとほかの楽手たちは劇場で第6交響曲の練習をしていました。もうすぐ町の公会堂で第6交響曲を演奏するのです。

Gorsch the Cellist

The trumpets sounded heroic. The clarinets sounded lovely. The violins sounded fine, playing hard and fast.

Gorsch played his cello just as hard as all the others. He saw and heard nothing else but the music written on the paper in front of him. His mouth was shut tight. His eyes were wide open as he read the music.

Suddenly, the conductor clapped his hands.

The musicians stopped playing.

"Gorsch! You're late!" the conductor shouted. "The cello must come in at *tah-tah-tee-dum*! Understand? Everyone, start again at *tah-tah-tee-dum*!"

■sound 動 ～に聞こえる　■hard and fast 激しく早く　■as ～ as… …と同じくらい～　■nothing else but ～（する）しかない　■music 図楽譜　■come in 参加する

トランペットが勇ましく歌いました。クラリネットはうっとりするような音を出しました。ヴァイオリンも見事に、激しく速く鳴っています。
　ゴーシュも仲間のみんなと同じように一心にセロを弾きました。目の前の楽譜以外、何も見えず何もきこえません。口を固く結び、目を大きく開けて楽譜を読んでいます。

　突然、楽長が手を叩きました。
　楽手たちは演奏をやめました。
　「ゴーシュ！　遅いぞ」楽長がどなりました。「セロはタァータァーティーダンのところで鳴らすんだ。わかったかね。さあみんな、タァータァーティーダンから始めよう」

Gorsch's face turned red. But they all started again. By trying very, very hard, Gorsch got safely through the difficult part. He started playing the next part feeling more sure of himself. But just then the conductor clapped his hands again.

"Gorsch! You're too flat! You must get it right! I don't have time to teach you the simple scale, you know!"

Most of the other musicians looked away. Some busily read the music in front of them. They all felt sorry for Gorsch.

"All right, let's take it from the line before."

They all began to play again. This time, they got quite far without having to stop. Gorsch played with all his might. But right when he was feeling rather pleased, the conductor clapped his hands again.

■turn red 赤面する　■get through ～を切り抜ける　■sure of oneself 自信がある　■get ~ right ～をきちんとやる　■scale 图音階　■look away 目をそらす　■feel sorry for ～に同情する　■get quite far とても進む　■with all one's might 一生懸命に

ゴーシュの顔が赤くなりました。でも、みんなはもう一度始めました。一生懸命弾いて、ゴーシュはむずかしい部分を無事に通りました。次の部分をこれまでより自信を持って弾き始めました。ところがちょうどその時、楽長がまたも手をぱちっと叩きました。
「ゴーシュ！　のっぺりしすぎる。もっときちんと弾いてくれ。きみに簡単な音階を教えている時間はないんだよ」

　ほとんどの楽手たちは目をそらせました。忙しそうに目の前の楽譜を読む者もいました。みんなゴーシュを気の毒に思っていたのです。
「よろしい、今の前の小節から始めよう」
　みんなはもう一度演奏を始めました。今回は、止められずかなり演奏が進みました。ゴーシュは力一杯、弾きました。ところがかなり満足な気持ちになったちょうどその時、楽長がまたも手を叩きました。

Gorsch the Cellist

"Oh, no! Not again," Gorsch thought.

But this time the conductor yelled at somebody else. Gorsch was glad that it wasn't him this time. As the conductor yelled, Gorsch read his music and tried to look busy, just as the others had done for him.

"All right, let's just get through the next bit," the conductor said.

Again, they started playing. But as soon as they started, the conductor gave a great, angry clap and started yelling.

"Oh, this is terrible! This is the most important part of the piece and you're doing it all wrong! We only have ten days until we play the Sixth Symphony. We're supposed to be great musicians! But here we are sounding like a group of children!

■somebody else ほかの誰か　■just as ～と同じように　■give a clap 手を打ち鳴らす　■do ~ all wrong ～をひどく下手にやる　■(be) supposed to be ～であることになっている

「ああ、いやだ！ またか」ゴーシュは思いました。

でも今回楽長はほかの楽手をどなりました。ゴーシュは自分でなくてほっとしました。楽長がどなっているあいだ、ゴーシュは楽譜を読んで忙しそうに振る舞いました。みんなが自分のためにしてくれたのと同じようにしたのです。

「よろしい、では次のところに進もう」楽長が言いました。

再び、みんなは演奏を始めました。ところが始めたとたん、楽長が怒りを込めて大きく手をぱちんと鳴らし、どなり出しました。

「ああ、ひどいじゃないか！ ここはこの曲の最も大事な部分なのに、きみたちはまったく目茶苦茶だ。第6交響曲の演奏まで10日しか残っていないんだ。われわれは立派な音楽家とみなされているんだ。ところが、われわれは子どもの集まりのような演奏をしている。ゴーシュ、きみが最

Gorsch, you're the main problem. You don't play with any *feeling*, and you're always too slow. We can't keep going like this. It's not right for everyone in the Venus Orchestra to be held back by one man. You must do better."

The conductor looked down and shook his head.

"That's enough for now," he said. "Get some rest and be back here at six o'clock."

The musicians all packed up their things and left.

Holding onto his cheap cello, Gorsch turned to the wall and cried. Big tears rolled down his face. But soon, he sat up straight. He pulled himself together. Sitting there all alone, he began to play the part they had just finished.

■keep going やり続ける　■hold back 阻害する　■get some rest 休憩する　■pack up 片づける　■hold onto ～にしがみつく　■sit up straight 居住まいを正す　■pull oneself together 気を取り直す　■all alone ただひとりで

も大きな問題だ。きみの演奏にはまったく感情がこもっていないし、いつも遅すぎるんだ。こんな状態で演奏を続けるわけにはいかない。金星音楽団のみんなが、1人の男のために評判を落とすのはまちがっている。もっとしっかりしてくれないと困るよ」
　楽長は下を見て、首を横に振りました。

「ではここまでにしておこう」楽長が言いました。「休んで6時に戻ってくれたまえ」
　楽手たちはみな楽器を片づけて出て行きました。

　安物のセロにすがりついて、ゴーシュは壁の方を向いて泣きました。大粒の涙がぼろぼろ顔を流れました。でもすぐに背筋を伸ばしてすわり、気を取り直しました。誰もいなくなった部屋に1人すわり、今練習していた部分を弾き始めました。

Gorsch the Cellist

Gorsch went home later that night carrying his big, black box on his back. He lived in a small, poor house by the river. It was just outside of town. Gorsh lived alone. He spent most of his mornings taking care of the vegetables in his small field. But every afternoon, Gorsch went out.

Inside the house, he opened the black box. Inside, of course, was the cello. Gorsch drank a glass of water. Then he sat down to play.

Gorsch played the piece of music he had practiced with the orchestra that day. He played the music with great energy, like a hungry lion.

■back 图 背中 ■take care of 〜の世話をする ■field 图 田畑 ■piece 图 曲

ゴーシュはその晩遅く、背中に大きな黒い箱を背負って家に帰りました。川のそばの小さく粗末な家です。家は町を出たところにありました。ゴーシュはそこに１人で住み、午前中の大半を狭い畑で野菜の世話をしてすごしました。でも、午後になるといつも出かけました。

　家に入ると、ゴーシュは黒い箱を開けました。もちろん中にはセロが入っています。コップ一杯の水を飲むと、すわって弾き始めました。
　ゴーシュはその日楽団で練習した曲を弾きました。とても精力を傾けてその曲を弾きました。まるでお腹を空かせたライオンのようでした。

Gorsch the Cellist

As he turned the pages of his music, he played and he thought. Then he thought and he played. Over and over again, he played the music from the beginning to the end. He didn't notice the time, and he played until long past midnight. In the end, he was so tired that his face was red and his eyes were heavy with sleep.

Just then, somebody knocked three times at the door.

"Who is it?" he called out.

The door opened. In walked a large cat carrying a heavy tomato in its mouth. He set the tomato down in front of Gorsch.

"Phew!" said the cat. "Carrying heavy things is difficult."

"What on earth…!" said Gorsch in surprise.

"This is a present for you," said the cat.

■over and over again 何度も繰り返して　■long past 〜をとっくに過ぎて　■so 〜 that… あまりに〜なので…　■just then そのとたんに　■call out 呼びかける　■set 〜 down 〜を下に置く　■what on earth 一体全体

譜面のページをめくりながら、弾いては考え、考えては弾きました。何度も何度も、最初から最後までその曲を弾きました。時間の経つのも気づかず、真夜中をとっくにすぎるまで弾き続けていました。しまいには疲れ果てて顔は真っ赤になり、眠気でまぶたが重くなってきました。

　ちょうどその時、誰かが扉を３回叩きました。

「どなたですか」ゴーシュは叫びました。
　扉が開いて、１匹の大きな猫が口に重そうなトマトをくわえて入って来ました。猫はゴーシュの前にトマトを置きました。
「ふーっ！」猫が言いました。「重い物を運ぶのは骨が折れる」
「何だと……！」ゴーシュが驚いて言いました。
「これおみやげです」猫が言いました。

This was all too much for Gorsch, who was already very tired. Suddenly, the anger and sadness that had been building up inside him all day came out all at once.

"Why would I want a tomato from someone like you? And that tomato is from *my* field! Who do you think you are? You can't just take things from my field! Get out of here, you bad cat!"

At these words, the cat hung his head and looked sad. But, he tried to smile and said, "You shouldn't get so angry, Mr. Gorsch. It's not good for you. Maybe you should just play something instead of yelling. How about Schumann's 'Träumerei'? I'd love to hear that."

"I've never seen such a bad cat!" said Gorsch. He sat there angrily.

"Please play," said the cat. "I can't sleep unless I hear you play."

■all too much もうたくさんである ■come out 出てくる ■all at once いっせいに ■hang one's head うなだれる ■instead of ～の代わりに ■Schumann 图シューマン《人名。ドイツの作曲家。1810–1856》 ■Träumerei トロイメライ《曲名。シューマンの代表曲のひとつ》 ■unless 瘘 ～でない限り

この一言はすっかり疲れ果てていたゴーシュには耐えられないものでした。突然、一日中、心にたまっていた怒りと悲しみがいっせいに噴き出して来ました。

「おれがきさまのようなものからトマトをほしいと思うか。おまけにそのトマトはおれの畑のやつだ。きさま自分を何様だと思っているんだ。おれの畑からものを盗むな。出て行け、いまいましい猫め」
　これをきくと、猫はうなだれて悲しそうに見えました。でも、笑みを浮かべようとしながら言いました。「そんなに怒らないでください、ゴーシュさん。お体にさわりますよ。どならないで何かお弾きになってはいかがですか。シューマンの『トロイメライ』はいかがでしょう。きいてあげますから」
「こんないまいましい猫を見たことがない」ゴーシュは言うと、怒ってそこにすわりました。
「どうか弾いてください」猫が言いました。「あなたの音楽をきかないと眠られないのです」

Gorsch the Cellist

"That's enough out of you! Enough!" yelled Gorsch. His face was red. He clapped his hands angrily, just as the conductor had done earlier that day. But suddenly, he changed his mind.

"All right," he said darkly. "I'll play for you."

Gorsch went around the small house. He closed all the windows and locked the door. He turned off the lights. Then he sat down with his cello. He could now only see by the light of the moon that came in through the window.

"You want to hear 'Träumerei' by Schumann, right?" he said.

"Yes," said the cat, wiping his face.

"Is this how the song goes?" Gorsch asked. But he began to play a piece called "Tiger Hunt in India."

■change one's mind 気が変わる　■go around 歩き回る　■turn off（スイッチなどを）切る　■wipe 動 〜をぬぐう

「もうたくさんだ。よしてくれ」ゴーシュはどなりました。顔が真っ赤です。ひるま楽長がしたように、怒って手を叩きました。ところがいきなり気が変わりました。

「わかった」ゴーシュが暗い声で言いました。「きさまのために弾いてやろう」

ゴーシュは小さな家の中を回り、窓をみんな閉めて扉に鍵をかけました。明かりを消すと、セロを持って腰かけました。ものを見るには窓から入る月光のみが頼りです。

「シューマンの『トロイメライ』をききたいのだな」ゴーシュが言いました。

「そうです」猫は顔をふきながら答えました。

「こんな曲だったかな」ゴーシュは尋ねました。ところが、弾き始めたのは「インドの虎狩り」という曲でした。

At first, the cat listened quietly with closed eyes. But as Gorsch's notes crashed into each other, the cat suddenly opened his eyes. The cat jumped at the closed door, but it wouldn't open. This was really too much for the cat. He was so upset that bright sparks flew from his eyes, nose, and whiskers. The cat started running around like he just couldn't keep still.

■note 名音色　■crash into　ぶつかり合う　■jump at　〜に飛びつく
■spark　火花　■whisker 名(猫などの)ひげ　■keep still　じっとしている

セロ弾きのゴーシュ

　初めは、猫は目を閉じて静かにきいていました。ところが、セロの音が互いにぶつかり合うと、猫はいきなり目を開けました。閉まった扉の方に飛んで行きましたが扉は開きませんでした。猫はとても耐えられませんでした。あまりにあわてたので、目、鼻、口ひげからも火花が飛び散りました。猫はじっとしていられないというように、ぐるぐると走り出しました。

Gorsch liked what was happening, so he played even harder.

"Thank you, that's enough, Mr. Gorsch. Thank you!" said the cat. "Please, stop! I promise never to tell you what to do again! And I will never tell you what to play ever again!"

"Quiet!" shouted Gorsch. "We're at the part where they catch the tiger."

All the while, the cat ran around the house, jumping at the walls. He went around and around in circles.

This was making Gorsch feel rather dizzy. So he said, "All right, I'm done now," and stopped playing.

The cat became quiet again and tried to look as though everything was fine.

■promise never to 決して〜しないと約束する　■ever again 二度と　■all the while そのあいだずっと　■go around in circles ぐるりと円を描くように動く　■dizzy 目が回る　■as though まるで〜であるかのように

ゴーシュは猫の様子が面白くなり、ますます勢いよく演奏しました。

「ありがとうございます。もうたくさんです、ゴーシュさん」猫が言いました。「どうかやめてください。もう二度と何かをしてと頼んだりしないと約束します。それにもう二度と何かを演奏してほしいなどと言いません」

「だまれ」ゴーシュが叫びました。「虎を捕まえるところだ」

　そのあいだずっと猫は家の中を走り回り、壁に飛びかかりました。そしてぐるぐると回り続けていました。

　するとゴーシュもひどく目が回ってきましたので、言いました。「わかった。これで終ろう」。そして演奏をやめました。

　猫は再び静かになり、何も問題がなかったかのように振る舞いました。

"Mr. Gorsch," he said, "your playing is a bit off tonight, isn't it?"

This made Gorsch feel sad and angry again, so he took out a cigarette and a match.

"So what?" he said. "Are you sure *you're* not a bit off tonight? Let's see your tongue."

The cat put out his tongue.

"A-ha! See? It looks a bit rough!" said the cellist. Then he struck his match on the cat's tongue. Then he used the fire to light his cigarette. In his surprise, the cat ran to the door with his tongue still out and hit his head against it. Then he hit his head against the door two more times, trying to run away.

Gorsch just watched for a while. Then, when he'd had enough, he said, "All right, I'll let you out. Just don't come back again!"

■off 形調子がよくない　■take out 取り出す　■so what それがどうした　■put out one's tongue 舌を出す　■light 動 ～に火をつける　■in one's surprise びっくりして　■run away 逃げ出す　■let ~ out ～を外に出す

「ゴーシュさん」猫が言いました。「今夜の演奏は少しばかりどうかしていますね」

これをきくとゴーシュは再び悲しくなって腹が立ってきましたので、巻きたばことマッチを取り出しました。

「それがどうした」ゴーシュが言いました。「きさまこそ、今夜、少しばかりどうかしているのではないのか。どれ、舌を見せてみろ」

猫は舌を出しました。

「ははあ、そうか。少しばかり荒れているな」セロ弾きが言いました。そして猫の舌の上でマッチをすり、その火でたばこに火をつけました。猫はびっくりして舌を出したまま扉の方に走り、扉に頭をぶつけました。それからさらに2回扉に頭をぶつけて、逃げ出そうとしました。

ゴーシュはしばらく眺めていました。もう十分だと思うと、言いました。「よし、出してやるよ。もう二度と来るなよ」

Gorsch the Cellist

Gorsch opened the door and the cat ran outside. Gorsch laughed quietly to himself as he watched the cat run across the field. Then, he lay down in his bed and slept peacefully, as if all his troubles were gone.

The next night, Gorsch came home as usual. He brought his cello in its big, black box. After he had drunk some water, he began to play the cello again. Midnight came and went. Then it was one o'clock, then it was two o'clock. Still, Gorsch continued to play.

Suddenly, Gorsch heard a knock on the ceiling.

"Is that you again, cat?" called out Gorsch. "I told you not to come back!"

But it was not the cat. A bird flew into the house from a little hole in the ceiling. The bird landed on the floor in front of Gorsch. It was a cuckoo.

■laugh to oneself 腹の中で笑う　■as usual いつもどおり　■come and go（時刻などが）すぎる　■ceiling 图 天井　■land on 着地する　■cuckoo 图 ①かっこう《鳥》②かっこうの鳴き声

ゴーシュが扉を開けると猫は外に逃げて行きました。ゴーシュは猫が野原を横切って逃げて行くのを見ながら、静かにひとり笑いをしました。そのあと、ねどこに横たわり、まるで苦しみがすべて消え去ったというように、ぐっすり眠りました。

　次の晩、ゴーシュはいつもと同じように家に帰って来ました。セロを大きな黒い箱に入れて持ち帰りました。少し水を飲むと、再びセロを弾き始めました。夜中の12時がすぎ、1時になり、やがて2時になりました。それでもゴーシュは弾き続けました。

　突然、天井を叩く音がきこえました。
　「猫、またきさまか」ゴーシュが叫びました。「もう来るなと言ったはずだ」
　ところが猫ではありませんでした。1羽の鳥が天井の小さな穴から家の中に飛び降りて来て、ゴーシュの前の床に止まりました。それはかっこうでした。

"Great, now birds are coming in too," said Gorsch. "What do *you* want?"

"I would like to learn music," said the bird.

"How can you learn music? All you can sing is *cuckoo, cuckoo*," said Gorsch.

"You're right," said the bird, "but singing *cuckoo* is difficult and takes great practice."

"Difficult? I'm sure the only difficult thing is having to sing so much all the time. But the notes can't be that hard."

"No, the notes are very hard. See, if I sing like this—*cuckoo*—and then I sing like this—*cuckoo*—the notes are very different."

"They sound the same to me," said Gorsch.

■would like to ～したい　■how can you どうやって～できるというのか
■take practice 練習を必要とする　■note 音符、キー

「おやまあ、今度は鳥までやって来た」ゴーシュが言いました。「何の用だ」

「音楽を教わりたいのです」かっこうが答えました。

「どうやって音楽を学ぶというのだ。おまえの歌はかっこう、かっこうだけじゃないか」ゴーシュが言いました。

「おっしゃる通りです」かっこうが言いました。「でもかっこうと鳴くのはむずかしく、かなりの練習が必要です」

「むずかしいもんか。むずかしいのはいつでもたくさん鳴かないといけないことだけだろう。だが、音は何てことないはずだ」

「いいえ、音はとてもむずかしいのです。たとえば、こんなふうに——かっこう——と鳴くのと、こんなふうに——かっこう——と鳴くのでは、かなり音がちがいます」

「おれには同じにきこえるがね」ゴーシュが言いました。

Gorsch the Cellist

"Your ears are not trained to hear the difference," said the bird. "To us cuckoos, you could sing *cuckoo* ten thousand times and they would all sound different."

"Fine, I believe you," said Gorsch. "But if you're so good, why do you want to learn music from me?"

"I want to learn the scale."

"Why?"

"I have to learn it if I want to go traveling."

"Why do you want to go traveling?"

"Please, Mr. Gorsch, teach me the scale. If you play it for me, I'll sing along," said the bird.

"Fine! I'll play it three times. But when I'm finished, you have to go."

■train 動訓練する　■fine 形いいでしょう　■sing along〈曲などに〉合わせて歌う

「あなたの耳はちがいがわかるように訓練されていないからです」かっこうが言いました。「わたしらかっこう仲間では、かっこうと１万回鳴けば、１万みんなちがうんです」

「けっこうだ。おまえの言うことを信じよう」ゴーシュが言いました。「だが、そんなにすぐれているのなら、おれから音楽を習うことはないじゃないか」
「音階を習いたいのです」
「どうしてだ」
「旅に出たいので習う必要があるのです」
「どうして旅に出たいのだ」
「どうか、ゴーシュさん、わたしに音階を教えてください。音階を弾いてくだされば、ついて歌いますから」かっこうが頼みました。
「けっこうだ。３回弾いてやろう。だが、おれが弾き終われば、さっさと帰れよ」

Gorsch sat back down. He took up the cello and played the scale.

Do, re, mi, fa, sol, la, ti, do.

But the bird did not look happy. "That's not right," he said.

"What do you mean? You do it then."

The bird waited a moment, then he sang a single *cuckoo*.

"That's not a scale!" said Gorsch. "If you think that's a scale, then all the notes of the Sixth Symphony must sound the same to you cuckoos!"

"No, they sound very different," said the bird. "And it's also very difficult when you play many notes one after the other."

"Do you mean like this?" said Gorsch. He played many *cuckoos* on the cello one after the other.

■sit back down 腰を下ろす　■take up 取り上げる　■look happy うれしそうである　■wait a moment ちょっと待つ　■one after the other 次々に

ゴーシュはまた腰を下ろしました。セロを取り上げると音階を弾きました。
　　　ド、レ、ミ、ファ、ソ、ラ、シ、ド。
　ところが、かっこうはあまりうれしそうではありませんでした。「そんなんでないんです」かっこうが言いました。
　「どういうことだ。ではおまえがやってごらん」
　かっこうはちょっと待つと、かっこうと１つ鳴きました。

　「そんなのは音階ではない」ゴーシュが言いました。「それが音階だと思うのなら、第６交響曲の音はすべておまえらかっこうには同じにきこえるにちがいない」
　「いいえちがいます。みんなちがってきこえます」かっこうが言いました。「それに、次々とたくさんの音を演奏するのも、とてもむずかしいのです」
　「つまりこういうことか」ゴーシュが尋ね、次から次に、かっこう、かっこう、かっこうと弾きました。

Gorsch the Cellist

This made the bird so happy that he began to sing *cuckoo, cuckoo* together with Gorsh as he played. On and on they went together—*cuckoo, cuckoo.*

Gorsch's hand began to hurt. He stopped playing.

"I think that's enough," he said.

The bird, however, didn't seem to think it was enough. He just continued to sing until he ended with a cuck—cuck—cuck—cu.

This made Gorsch angry.

"If you're done now, just get out of here," he said.

"Please, Mr. Gorsch," said the bird. "Play it one more time. You're not playing it quite right yet."

■on and on 延々と ■seem to ～のように見える ■get out of here ここから出て行く ■quite right 完全に

これをきくと、かっこうはたいそう喜び、ゴーシュの演奏に合わせてかっこう、かっこうと歌い始めました。ゴーシュたちはいつまでもいっしょに続けました——かっこう、かっこう。
　手が痛くなってきましたので、ゴーシュは弾くのをやめました。
「もう十分だろ」ゴーシュが言いました。
　ところが、かっこうには十分だとは思えないようでした。また歌い続け、かっく、かっく、かっく、くっと歌ってやめました。
　これをきいてゴーシュは腹が立ちました。
「用がすんだのなら、とっとと帰れ」ゴーシュが言いました。
「どうか、ゴーシュさん」かっこうが言いました。「もう1回弾いてください。あなたの演奏にはまだ少しまちがいがあるのです」

"What! *You* came here to learn from *me*! I don't need to learn from you. Just get out of here."

"Please, just one more time," said the bird.

"All right," said Gorsch, taking up his cello again. "Just one more time."

"Please play for as long as possible, if you don't mind," said the bird.

"Oh, goodness," said Gorsch. He began to play. The bird got very excited again, singing *cuckoo, cuckoo* while he rocked his body from side to side.

At first, Gorsch was angry, but this soon changed. He began to have the strange feeling that it really was the bird who was hitting the right notes. The more he played, the more it seemed to him that the bird was better than him.

■if you don't mind 差し支えなければ　■goodness 間 やれやれ　■rock 動 揺り動かす　■from side to side 左右に　■hit the right note 正しい音を鳴らす　■better than ～より上手である

「何だと。きさまはおれに習いに来たのではないのか。おれがきさまに教わっているんではないぞ。とっとと帰らんか」

「どうか、もう１回だけ」かっこうが頼みました。

「わかった」ゴーシュが言って、もう一度セロを取り上げました。「これっきりだぞ」

「よろしかったら、できるだけ長く弾いてください」かっこうが言いました。

「いやになるなあ」ゴーシュは言って、弾き始めました。かっこうはまたひどく興奮して、かっこう、かっこうと歌い、体を左右に揺らしました。

ゴーシュは最初むしゃくしゃしていましたが、すぐに気持ちが変わりました。正しい音を出しているのは、本当は鳥の方ではないかという奇妙な気持ちになってきたのです。弾けば弾くほど、かっこうの方が上手だと言う気持ちがますます強まってくるようでした。

"I can't keep going," Gorsch thought. "I'm becoming 'cuckoo' myself!" With this thought, he stopped.

The bird was surprised with the sudden stop. He sang *cuckoo, cuck—cuck—cuck—cu*—and stopped as before.

"Why did you stop?" the bird asked. "Any good cuckoo would keep singing as loud as he could until he just couldn't go on anymore."

"Did you really think I could keep wasting time like this forever?" asked Gorsch. "It's almost morning now! You've got to go."

Gorsch pointed at the window. They could see that the sky was getting lighter.

■as before 前回同様に　■go on 〜を続ける　■have got to 〜しなければならない　■point at 〜を指差す　■get light 夜が明ける

「もう続けられない」ゴーシュは思いました。「おれ自身がかっこうになってしまいそうだ」。そう考えると、ゴーシュは弾くのをやめました。

　いきなりセロが止まって、かっこうは驚きました。かっこう、かっく、かっく、かっく、くっと歌うと前と同じようにやめました。

　「どうしてやめたのですか」かっこうが尋ねました。「すぐれたかっこうはみんな、まったく歌えなくなるまで思いっきり大きな声で歌い続けるのですがね」

　「おれがいつまでもこんなふうに時間をむだにできると本当に思っているのか」ゴーシュが尋ねました。「ほら、夜が明けるじゃないか。もう出て行け」

　ゴーシュは窓を指さしました。空がだんだん明るくなるのが見えました。

"Can't we continue until the sun is up all the way? It will only be a little longer."

"No! You think you can have everything your way! If you don't leave now, I'll just eat you for breakfast!"

Gorsch stamped his foot hard. This made the bird afraid, and he flew straight into the closed window. The bird fell to the ground.

"You stupid bird!" said Gorsch. He quickly went to the window to try to open it. But the window was very old. It took many tries to open it even a little. He was still pushing and pulling at the window when the bird flew into it again. Then Gorsch saw that the bird had hurt his head.

■all the way すっかり　■have everything one's way 何もかも自分の思い通りにする　■stamp 動足を踏み鳴らす　■make ~ afraid ~を怖がらせる　■fall to the ground 地面に落ちる　■it takes ~ to… …するために~が必要である

「お日様がすっかり出るまで続けられませんか。ほんの少しのあいだですから」
「だめだ。何でも思い通りになると思っているのか。すぐに出て行かなければ、朝飯に食ってしまうぞ」

　ゴーシュは足をどんどんと踏み鳴らしました。これを見てかっこうは怖がり、閉まった窓めがけてまっすぐに飛び立ちました。窓にぶつかってかっこうは床に落ちました。
「ばかな鳥だな」ゴーシュが言い、あわてて窓のところに行って開けようとしました。ところが窓はとても古くて、ほんの少し開けるにも何度も試す必要がありました。窓を押したり引いたりしているあいだにも、かっこうがまたも窓に突進しました。その時ゴーシュは、かっこうが頭に怪我をしたことに気づきました。

"Just wait a little bit," said Gorsch. "I'm going to open it for you."

After much pushing, Gorsch got the window open a few inches. But then the bird picked himself up and flew straight into the window again. He flew with all his might, and he hit the window much harder than before. He dropped to the floor and lay still.

Gorsch tried to pick up the bird. He wanted to take him to the door, open it, and let him fly out that way. But the bird jumped up. He looked like he was going to fly at the window again. Surprised and worried, Gorsch kicked the window as hard as he could.

■little bit ほんのわずか ■pick oneself up 起き上がる ■lay still じっと伏せている ■fly out 飛び立つ ■look like ～のように見える

「少し待っていろったら」ゴーシュが言いました。「おれが開けてやるから」

何度も押しているうちに、ゴーシュは数インチほど窓を開けることができました。ところがその時かっこうが起き上がり、またも窓に向かって突進しました。あらん限りの力を込めて飛んだので、これまでより強く窓にぶつかりました。床に落ちると身動きもしませんでした。

ゴーシュはかっこうをつかみ上げようとしました。扉のところに連れて行って、扉を開けそこから飛び立たせてやろうとしたのです。ところがかっこうは飛び上がり、またも窓から飛び出そうとするように見えました。驚きと心配で、ゴーシュは思いっきり力を込めて窓を蹴りました。

Gorsch the Cellist

The glass broke and the whole window fell outside into the yard. The bird flew out of the large hole in the wall. He flew and flew into the sky until Gorsch could not see him anymore. Gorsch stayed at the window watching for a while, but he was so tired. Soon, he dropped himself in a corner of the room and slept.

The next night, Gorsch played his cello again late into the night. Then, sometime after midnight, there was a knock at the door.

"I won't waste any more time with any visitors," thought Gorsch. "I'll act mean and angry and drive the visitor away from the beginning."

The door opened a little bit, and a young badger came into his house. Gorsch began to shout.

"Hey, you! Have you ever heard of badger soup?"

■yard 图庭 ■for a while しばらくのあいだ ■drop oneself in ～に身を投げる ■mean 形意地悪な ■drive ~ away ～を追い払う ■badger 图あなぐま

ガラスが砕け、窓全体が中庭の方に落ちました。かっこうは壁に開いた大きな穴から飛び立ちました。どこまでも空を飛んで行って、とうとう見えなくなってしまいました。ゴーシュは窓辺にたたずんで、しばらく外を見つめていましたが、どっと疲れが出て来ました。部屋のすみに倒れ込むと、すぐに眠ってしまいました。

　次の晩もゴーシュは夜遅くまでセロを弾きました。すると真夜中をすぎてしばらくすると、扉を叩く音がしました。

「もうお客のために時間をむだにしたくない」ゴーシュは思いました。「初めから意地悪く怒っているように振る舞ってお客を追い払ってやろう」
　扉が少し開くと、1匹のあなぐまの子が家に入って来ました。ゴーシュはどなり出しました。
「おい、おまえ。あなぐま汁というのをきいたことがあるか」

The badger just looked at Gorsch and seemed to think for a little while.

"No, I've never heard of it," he said. He sat there looking so serious that Gorsch wanted to laugh out loud. But he tried to continue looking angry and said, "Well, I'll tell you what it is. I make badger soup by cooking a badger like you with some salt in water. Then I eat it."

The young badger sat and thought some more.

"But my father told me to come and study with you because you're a nice man. He said I shouldn't be afraid of you," the badger said.

Gorsch couldn't help but laugh at this.

"Well, what are you supposed to study?" he said. "I'm very busy, and tired too."

■hear of 〜について聞く　■laugh out loud 大笑いする　■well 圕やれやれ
■can't help but 〜せずにはいられない

あなぐまはゴーシュをじっと見つめ、しばらく考えているようでした。

　「いいえ、きいたこともありません」あなぐまは答えました。たいそう真剣な顔でそこに腰かけたので、ゴーシュは吹き出しそうになりました。でも、怒った振りを続けて言いました。「それでは教えてやろう。おまえのようなあなぐまを塩を入れたお湯の中で煮て、あなぐま汁を作る。そしておれがそれを食うのだ」

　あなぐまの子はすわってもう少し考えました。

　「でも、ぼくのお父さんがあなたはとてもいい人だから行って習えと言ったよ。ちっとも怖がることはないって言ったよ」あなぐまが言いました。

　これをきくと、ゴーシュは笑わずにはいられませんでした。

　「そうか、何を習うことになっているんだ」ゴーシュが尋ねました。「おれはひどく忙しいんだ。それに疲れてもいるんだよ」

Gorsch the Cellist

At this the young badger got excited and took a step forward.

"I'm going to play the drum!" he said. "I'm supposed to learn how to play the drum in time with your cello."

"But where is your drum?"

The young badger took out two sticks that he had tied to his back.

"What are those supposed to do?" asked Gorsch.

"I'll show you," said the badger. "Please play 'The Happy Driver.'"

"What is that? I've never heard of it. Is it jazz?"

"Here's the music," said the badger. He handed Gorsch a piece of paper with music on it.

Gorsch looked at it and laughed.

■get excited 興奮する　■take a step forward 一歩前に出る　■in time with ～に合わせて　■tie 動くくる　■driver 名（馬車の）御者　■hand 動 ～を手渡す

これをきくと、あなぐまの子は興奮して一歩前に出ました。
「ぼくは太鼓を叩きたいんだ」あなぐまが言いました。「あなたのセロに合わせて太鼓を叩くのを習うことになっているんだ」
「だが、太鼓はどこにあるんだ」
　あなぐまの子は背中にゆわえていた２本の棒切れを取り出しました。
「それでどうするんだ」ゴーシュが尋ねました。

「今、お見せします」あなぐまが言いました。「『愉快な馬車屋』を弾いてください」
「それは何だ。きいたこともないぞ。それはジャズか」
「楽譜があります」あなぐまが言い、ゴーシュに１枚の楽譜をわたしました。
　ゴーシュは楽譜を見ると、笑い出しました。

"This is a funny song!" he said. "Well, all right. Let's try it."

Gorsch started playing the cello. As he played, he watched the young badger. He was surprised when he started to play his two sticks on the body of the cello in time. What's more, he was pretty good! Gorsch found himself enjoying playing with the little badger.

When they finished playing 'The Happy Driver,' the little badger was quiet. He seemed to be thinking.

"When you play the second string you fall a little behind," he said. "It throws off the beat."

Gorsch was surprised. What the little badger said was true. Last night, Gorsch had noticed that when he played the second string, it took longer than it should to make a sound.

■in time 調子を合わせて ■pretty good とても上手な ■find oneself doing ～している自分に気づく ■string 弦 ■fall behind 遅れる ■throw off（調子などを）狂わせる ■take longer より時間がかかる

「面白い曲だな」ゴーシュが言いました。「よしわかった。弾いてみよう」

ゴーシュはセロを弾き始めました。弾きながら、あなぐまの子を見ました。その子が調子を合わせてセロの胴を2本の棒で叩き始めると、ゴーシュはびっくりしました。おまけに、とても上手です。気がつくと、あなぐまの子と演奏するのを楽しんでいました。

「愉快な馬車屋」の演奏を終えると、あなぐまの子が黙り込みました。何か考えているようです。

「ゴーシュさんが2番目の糸を弾くとき、少し遅れるね」その子が言いました。「それでテンポが乱れるんだ」

ゴーシュはびっくりしました。あなぐまの子の言う通りだったからです。ゆうべ2番目の糸を弾いたとき、音が出るまでに時間がかかりすぎることに気づいていました。

"I think you're right. This old cello is no good," he said sadly.

The badger looked sad and thought for a little while.

"I wonder if we could figure out what's wrong with it," he said. "Could you please play it again?"

"Sure," said Gorsch. He started to play again. The little badger listened closely. But by the time they finished, the sky was getting light again.

"Oh! It's almost morning," said the badger. "Thank you very much." Then the badger picked up his two sticks and tied them to his back again. Then he hurried out the door.

Gorsch sat still for a little while. He enjoyed the feeling of the cool morning air that came in through the broken window. Then he decided to rest before he went into town again. He lay down in bed and fell asleep.

■wonder if 〜ではないかと思う　■figure out（原因などを）解明する　■could you please 〜していただけませんか　■sure 副承知しました　■by the time 〜するときまでに　■hurry out 急いで出る　■fall asleep 眠りにつく

「おまえの言う通りだ。この古いセロは悪いんだよ」ゴーシュは悲しそうに言いました。
　あなぐまは悲しそうにして、しばらく考えていました。

　「どこが悪いのか見つけられないかな」あなぐまが言いました。「もう一度弾いてくれますか」
　「いいとも」ゴーシュが言い、また弾き始めました。あなぐまの子は注意深くきいていました。ところがおしまいまで来ると、再び空が明るくなってきました。
　「あれ、夜が明けたよ」あなぐまが言いました。「ありがとうございました」。それから、あなぐまは２本の棒切れを取り上げて、再び背中にゆわえました。そして急いで扉から出て行きました。
　ゴーシュはしばらく静かに腰かけていました。壊れたガラス窓から入って来る朝の冷気を楽しんでいました。そのあと、また町に出かける前に休むことにしました。ねどこに横になるとぐっすりと眠りました。

The next night, Gorsch stayed up late playing the cello again. He was very tired and it was well past midnight when there was another knock at the door. But by this time Gorsch was used to it.

"Come in," he said.

Into the house came a mouse. Along with her came a baby mouse. He was so small that he was no bigger than your little finger. Gorsch smiled.

The mother mouse put a nut on the floor in front of Gorsch. Then she bowed and said, "Mr. Gorsch, my baby is very sick. I'm afraid he might die. Please, be so kind as to make him well again."

"How am *I* supposed to do that?" asked Gorsch.

"I know you make sick people better every day. You're good at it," answered the mother mouse.

"I don't know what you mean."

■stay up late 遅くまで起きている　■well past 〜をとっくに過ぎて　■(be) used to 〜に慣れている　■along with 〜と一緒に　■I'm afraid 残念ながら　■be so kind as to 〜していただけませんか　■make 〜 better 〜をよくする　■good at 〜が得意だ

次の晩もゴーシュは遅くまで起きてセロを弾いていました。とても疲れていましたが、真夜中をかなりすぎたころ再び扉を叩く音がしました。このころにはゴーシュはこの音に慣れていました。

「お入り」ゴーシュは言いました。

　１匹のねずみが入って来ました。その横に赤ちゃんねずみがいました。とても小さいので、小指ほどの大きさしかありません。ゴーシュはにっこり笑いました。

　母さんねずみはゴーシュの前の床に木の実を１つ置きました。そしておじぎをして言いました。「ゴーシュさん。赤ちゃんがひどい病気になりました。死んでしまうのではと心配です。お慈悲ですから、この子をもとのように元気にしてくださいまし」

「おれにどうしろと言うのだ」ゴーシュが尋ねました。

「先生は毎日病気の人を治しているではありませんか。お得意ではありませんか」母さんねずみが答えました。

「何のことだかわからんね」

Gorsch the Cellist

"Well, you made the rabbit's grandmother better. And the badger's father too. You even saved that mean old owl. And it's not very nice of you to help all those other people but not help my baby."

"I don't understand!" said Gorsch. "I've never saved an owl or a rabbit. It's true that the young badger was here last night, but I've never even met his father."

The mother mouse started crying.

"Oh, if my baby had just gotten sick sooner! You were playing the cello here all night, shaking the floor with the sound. But as soon as my baby got sick, you stopped. And now you won't play any more. My poor baby!"

"What?" cried Gorsch. "Are you saying that when I play my cello it makes sick animals feel better? But why?"

■owl 图みみずく ■it's nice of you to 〜するとはあなたはなんて親切なのでしょう ■never even 〜することすらない ■as soon as 〜のとたんに ■any more これ以上 ■feel better 具合がよくなる

「だって、先生はうさぎさんのおばあさんを治しましたし、あなぐまさんのお父さんも治しました。あの意地悪な年寄りみみずくまで助けてやったではありませんか。ほかの人たちはみんな助けていただいたのに、この子だけ助けてくださらないとは情けないことでございます」

「何を言っているかわからん」ゴーシュが言いました。「みみずくやうさぎなど助けたことはないぞ。たしかにあなぐまの子がゆうべやって来たが、父親には会ったことすらない」

母さんねずみは泣き出しました。

「ああ、この子がもっと早くに病気になっていたらよかったのに。先生はここで一晩中セロを弾いて、その音で床を震わせておいででした。ところがこの子が病気になったとたん、おやめになりました。そして今はまったくお弾きにはならない。何て不幸せな子だろう」

「何だと」ゴーシュが叫びました。「おれがセロを弾くと病気の動物がよくなると言うのか。だが、どういうわけだ」

"Yes, that's right. You see, when the animals around here get sick, they go under your floor to listen."

"And that cures them?"

"Yes, it's very good for the circulation. The animals feel so much better. Sometimes they're cured right away. Sometimes they feel better as soon as they get home."

"I see," said Gorsch. "I think I'm beginning to understand. The sound of my cello shakes the floor. It must act as a kind of massage. All right, then. Let's try it. I'll play for your baby."

Gorsch took his cello and got ready to play. Then he picked up the baby mouse and dropped him into the hole of the cello.

"I'll go in there with him" said the mother, sounding worried. "I know all the hospitals would let me."

■you see ほら、あのですね ■circulation 名血行 ■cure 動 (病気などが) 治る ■right away すぐに ■I see なるほど ■act as 〜の機能を果たす ■get ready to 〜する準備をする

「そうでございます。ここらのものが病気になると、先生の家の床下に入ってセロをきくのでございます」

「そうすれば治るというのか」
「はい。血のめぐりがとてもよくなるのです。動物たちはとても気持ちがよくなります。すぐに治る時もあれば、家に着いたとたんよくなる時もあります」

「そうなのか」ゴーシュが言いました。「わかってきたぞ。おれのセロの音が床を震わす。一種のあんまのような働きをするにちがいない。よし、それでは試してみよう。おまえの子どものために弾いてやろう」
　ゴーシュはセロを取り上げて弾く用意をしました。それから赤ちゃんねずみをつまむと、セロの穴のなかに落としました。
「わたしもいっしょについて行きます」母さんネズミが心配そうに言いました。「どこの病院でもそうさせてくれますから」

But when she tried to climb in through the hole, she found she couldn't fit.

"Are you all right?" she cried into the hole. "Did you fall the right way and land on your four feet, like I always tell you?"

"Yes, I'm all right," said the baby mouse. It was hard to hear his little voice coming from the little hole. "I landed really well."

"Don't worry, he's all right," said Gorsch. "There's no need to cry now."

Gorsch put the mother down on the floor and picked up his bow. Then he began to play. The sound of the cello shook the floor. The mother listened closely for a while, but she still seemed worried. She stopped Gorsch.

"That's enough, thank you," she said. "Can we take him out now and see if it worked?"

■fit 動（大きさなどが）合う　■right way 適切に　■put ~ down ~を下に置く
■bow 図（弦楽器の）弓　■see if ~かどうか確かめる

ところが、母さんねずみが穴をくぐろうとすると、穴は小さすぎました。

「おまえ大丈夫かい」母さんねずみが穴の中に叫びました。「上手に落ちて、いつも教えているように足を４本そろえて着いたかい」

「うん、うまくいったよ」赤ちゃんねずみが答えました。小さな穴から赤ちゃんのかすかな声をきくのは一苦労です。「ほんとに上手に着いたよ」

「心配することはない。子どもは大丈夫だ」ゴーシュが言いました。「もう泣くなというのだ」

　ゴーシュは母さんねずみを床に下ろすと、弓を取り、弾き始めました。セロの音が床を揺らしました。母さんねずみはしばらく注意深くきいていましたが、まだ心配しているようでした。ゴーシュに、もうやめてくださいと頼みました。

「もう十分です、ありがとうございます」母さんねずみが言いました。「穴から出して効き目があったか見てもよろしいですか」

"Oh, is that all it takes?" asked Gorsch. He laid the cello on its side and put his hand to the hole. Soon, the baby mouse climbed out of the hole and onto his hand. Gorsch set him down on the ground. The baby had his eyes closed and his whole body shook and shook.

"Are you all right? Do you feel better?" asked the mother mouse.

The baby kept his eyes closed and shook some more. Then, suddenly, he jumped into the air. He ran around in circles happily.

"Oh! He's feeling better! Thank you, Mr. Gorsch! Thank you so much." The mother mouse joined her baby and ran a few circles with him. Then, she bowed over and over to Gorsch. "Thank you, thank you," she said about ten times.

■that is all it takes 必要なのはそれだけである ■laid 動 lay（〜を置く）の過去
■lay 〜 on one's side 〜を横に置く ■have one's eyes closed 両目を閉じて
■some more もう少し ■jump into the air 空中に飛び上がる

「おや、これだけでいいのか」ゴーシュが尋ねました。セロを横に置くと穴に手を当てました。すぐに赤ちゃんねずみが穴からゴーシュの手の上に出て来ました。ゴーシュはそっと床に下ろしてやりました。赤ちゃんねずみは目をつぶり、体全体をぶるぶる震わせていました。

「大丈夫かい。気分はよくなったかい」母さんねずみが尋ねました。

赤ちゃんねずみは目をつぶり、さらにぶるぶる震えました。するといきなり、空中に飛び跳ねました。ぐるぐるとうれしそうに走り回っています。

「まあ、よくなったんですわ。ありがとうございます、ゴーシュさん。本当にありがとうございます」母さんねずみは赤ちゃんねずみと２、３周走りました。そして、何度も何度もゴーシュにおじぎをしました。「ありがとうございます」と10回ばかり言いました。

For some reason, Gorsch felt rather sorry for the little mice.

"Do you like bread?" he asked.

"Oh! We've heard it's very nice, but we've never tried it. Of course, we never come into your kitchen. And we would never steal any from you after all that you have done for us."

"No, I don't mean that!" said Gorsch. "I just thought you might like to eat some. Wait a minute. I'll give some to your baby. It will be good for his health."

Gorsch went to his kitchen and got some bread. He tore off a piece and put it in front of them.

The mother mouse began to laugh and cry at the same time. She bowed again to Gorsch. Then, being very careful, she took the bread in her mouth and carried it out of the house as her baby led the way.

■for some reason どういうわけか　■rather 副 かなり　■mice 名 mouse (ねずみ) の複数　■steal 動 盗む　■after all that that 以下のすべてを考慮して　■wait a minute ちょっと待っていて　■tear off 引きちぎる　■lead the way 案内する

どういうわけか、ゴーシュは小さなねずみたちがとてもかわいそうになりました。

「おまえたちはパンが好きか」と尋ねました。

「まあ、とてもすてきなものだときいておりますが、食べようとしたことなどございません。もちろん、おたくの台所へなど入ったことはございません。わたしどもにしてくださったことを考えましたら、決しておたくから物を盗もうなどといたしません」

「いや、そういうことではないんだ」ゴーシュが言いました。「少し食べたいのではないかと思っただけだ。ちょっと待ってくれ。おまえの子どもに少しあげるから。きっと体にいいはずだ」

　ゴーシュは台所へ行ってパンを取り出しました。一つまみむしり取ると、ねずみたちの前に置きました。

　母さんねずみは、同時に泣いたり笑ったりしました。再びゴーシュにおじぎをすると、とても大事そうにパンを口にくわえ、子どもを先に歩かせて、外に出て行きました。

Gorsch the Cellist

"My goodness," said Gorsch. "Mice are very tiring to talk to!"

He lay down on his bed and fell fast asleep.

On the day of the Sixth Symphony performance, Gorsch played hard with the Venus Orchestra. When they had finished, all the musicians carried their instruments off the stage. They listened as the audience clapped and clapped. Most people had even stood up. The clapping wouldn't end.

The theater manager came behind the curtain. "They want an encore!" he said. "Can you play a little something for them?"

"No," said the conductor. "There's nothing we can play well enough to follow such an important work."

"Well, can't you at least go and say something to them then?"

■my goodness やれやれ、なんてこと　■tiring 形疲れる　■carry ~ off ~を持ち去る　■instrument 名楽器　■encore 名アンコール　■follow 動 ~に続く　■at least 少なくとも

「やれやれ」ゴーシュが言いました。「ねずみと話すのも疲れるもんだ」

ゴーシュはねどこに横になると、ぐっすり眠りました。

第6交響曲の発表の日、ゴーシュは金星音楽団と一生懸命演奏しました。演奏が終わると、楽手たちはみな舞台から楽器を持って引き上げて来ました。聴衆の拍手がぱちぱちと鳴り響くのがきこえます。大半の人たちが立ち上がっています。拍手はいつまでも鳴りやみません。

劇場支配人がカーテンのうしろにやって来ました。「聴衆がアンコールを望んでいます」支配人が言いました。「何か短いのでも演奏してくれませんか」

「だめですな」楽長が答えました。「こういう大作のあとでは何を出してもうまくいきませんからな」

「それでは楽長さん、少なくとも舞台に出て聴衆に何か言ってもらえませんか」

"No," said the conductor again. Then suddenly he turned to Gorsch. "Go out there and play something."

"Me?" cried Gorsch in shock.

"Yes, you!" agreed the theater manager.

"Yes. Go ahead, Gorsch," said the conductor.

The other musicians handed Gorsh his cello. Then they pushed him through the curtains, onto the stage. Gorsch stood alone, holding his cello. Still, everybody continued to clap. Some were clapping louder now. It even sounded like some were cheering for Gorsch.

"They're making fun of me!" thought Gorsch. "Well, I'll fix that. I'll play them 'Tiger Hunt in India.'"

■in shock 驚いて　■go ahead やりなさい　■push ~ through… ~を…から押し出す　■make fun of ~を笑いものにする　■fix 動 ~に仕返しをする

「だめですな」楽長がまた言いました。するといきなりゴーシュの方を向きました。「舞台に出て、何か弾いてやってくれ」

「わたしがですか」ゴーシュは驚いて叫びました。

「そうですあなたです」劇場支配人がうなずきました。

「そうだ、行きたまえゴーシュ」楽長が言いました。

ほかの楽手たちがゴーシュにセロをわたしました。次にゴーシュをカーテンの向こうの舞台に押し出しました。ゴーシュはセロを持って舞台に1人立ちました。まだ、誰もが拍手をしています。もっと大きく拍手する者もいます。ゴーシュに声援を送る者さえいます。

「この人たちはおれをばかにしているんだ」ゴーシュは考えました。「いいか、思い知らせてやる。『インドの虎狩り』を弾いてやるから」

With that thought, he walked to the middle of the stage. He sat down and put his bow to the cello. Then he began to play.

Gorsch played with all the energy of an angry elephant, just as he did the day the cat came to visit. The audience went quiet and listened closely. Gorsch went on. He came to the part where sparks had flown out of the cat's eyes. Then he came to the part where the cat ran straight into the door. On he played with great energy.

When Gorsch was finished, he stood up and walked off the stage. He did not look at the audience. He did not say a single word. He went straight into the musician's room. There, he saw the conductor and the musicians sitting with their mouths open. But Gorsch did not care anymore what people thought of him. So he walked straight to a chair and sat down.

■come to visit 訪ねてくる　■listen closely 一心に聞く　■go on やり続ける
■fly out 飛び出す　■walk off 立ち去る　■not say a single word 一言も口をきかない

そう考えてゴーシュは舞台の中央に歩いて行きました。腰かけるとセロに弓を当てました。そして弾き始めました。

ゴーシュはちょうど猫が来た晩と同じように、怒り狂った象のように全精力を込めて弾きました。聴衆はしいんとして一心に耳を傾けています。ゴーシュは続けます。猫の目から火花が飛び散った部分にさしかかりました。次に猫がまっすぐに扉の方に走った部分に来ました。ものすごい精力を傾けて弾き続けました。

ゴーシュは弾き終えると、立ち上がり舞台から歩き去りました。聴衆の方をまったく見ませんでした。一言も言わず、楽屋にまっすぐ引き上げました。そこでは楽長や楽手たちが口をあんぐり開けてすわっていました。でもゴーシュは人が自分のことをどう思うかなどまったく気にしていません。それで、まっすぐ椅子まで歩いて行き腰かけました。

Gorsch the Cellist

"There is something strange about this evening," Gorsch thought.

The conductor stood up.

"Gorsch! You were wonderful!" he said. "The music was not a great work, but you kept us listening! You've become so much better in the last week! Why, I would say that ten days ago, you played like a new musician. Now, you play like a master! I always knew you could do it if you just tried hard enough!"

All the others joined in. "Well done, Gorsh!" they said.

Gorsch heard the conductor explaining to someone. "You see, Gorsch can do such a thing because he's strong. To do what he did would have killed most other men."

Gorsh went home much later that night.

■master 名名人 ■well done お見事 ■much later かなり遅くに

「今夜は何か奇妙な気がする」ゴーシュは思いました。

楽長が立ち上がりました。
「ゴーシュ。すばらしかったよ」楽長が言いました。「たいした曲ではなかったが、われわれの耳を釘づけにした。この1週間でとても上達したな。そうだ、10日前ならきみは新米の楽手のように弾いていた。ところが今は、名人のように弾いている。一生懸命練習すればきみならやり遂げられるといつも思っていたよ」

ほかの者もみな加わりました。「よかったぜ、ゴーシュ」みんなが言いました。

楽長が誰かに説明しているのがゴーシュにきこえました。「なあきみ、ゴーシュがあれだけのことをやり遂げたのは体が丈夫だからだ。普通の者が同じことをしたら死んでしまうだろう」

その晩ゴーシュはいつもよりずっと遅く家に帰りました。

First, he drank a glass of water. Then, he opened the window. Looking into the sky where the cuckoo had flown, he said, "I'm sorry, cuckoo. I wasn't really angry with you!"

■look into 〜を見つめる

最初にコップ一杯の水を飲みました。次に窓を開けました。かっこうが飛んで行った空を眺めて言いました。「ごめんよ、かっこう。本当はおまえに腹など立てていなかったんだ」

覚えておきたい英語表現

> He saw and heard *nothing* else but 〜 （p.12, 5行目）
> 彼は〜以外何も目にも耳にも入らなかった。

【解説】
　saw and heard nothingで、「何も見なかったし聞かなかった」という意味になります。nothingは、「何もない」という意味の代名詞ですから、直訳すると「何もないを見て聞いた」となり、理解しづらいです。日本語にはこのような「否定の代名詞」がないため、意識して慣れる必要があります。例文を覚えて使ってみてください。

I know *nothing* about it.
それについては何も知りません。

There is *nothing* in it.
その中には何もありませんよ。

I have *nothing* to say.
言うことは何もない。

Nothing happened.
何も起きなかった。

Nothing better.
最高だ。

＊betterは何かと比べて良いことを意味するので「それ以上に良いものはない」＝「最高だ」という意味になります。Nothingの否定的なイメージのみを頭に入れていると勘違いする表現ですから覚えておきましょう。日常会話でよく使われる表現です。

It was *nothing*.
どういたしまして。

＊Thank youと言われた時の返答として使われます。「たいしたことではありませんよ」といったニュアンスですね。

　物ならnothingですが、「誰も〜ない」ならno oneやnobodyを用いて同様に使うことができます。この「否定の代名詞」を使いこなせると表現の幅が大いに広がります。

> "No, I don't *mean* that!" said Gorsh, （p.72, 8行目）
> 「ちがう、そういう意味で言ったんじゃない」とゴーシュは言った。

【解説】
　meanは「〜を意味する」という動詞です。meanを使いこなせると、とても便利なので紹介しましょう。

>> What does ~ *mean*?
>> 〜ってどういう意味？
>>
>> ~ , I *mean*, …
>> つまりね、私が言いたいのは…
>>
>> What do you *mean*?
>> どういう意味ですか？
>>
>> That's what I *mean*!
>> 言いたかったのはそれですよ！
>>
>> I didn't *mean* it.
>> そういうつもりではなかったんです。
>>
>> I *meant* it as a compliment.
>> 褒め言葉のつもりで言ったんです。

　自分の意見を述べたり、相手の意見を聞いたりしていると意図を汲み取ってもらえなかったり、真意を計りかねることもあります。まさしくゴーシュの場合がそれにあたります。そんな時にmeanを用いた表現で、誤解を招くことなく会話を進めることができます。
　ちなみにmeanは形容詞で「意地悪な」という意味もあるので覚えておきましょう。

>> You, *mean*!　「もう意地悪な人ね！」

The Police Chief
毒もみのすきな署長さん

The Police Chief

Four great rivers with water as cold as ice ran down Karakon Mountain. The rivers met in the town of Puhara. As they came together, they made one wide river. Here, in this large river, the peaceful waters were very still and clear. You could see the clouds and the trees in the water.

During the heavy rains, the river would rise. Then the low land around the river would also fill with water. It formed little lakes that were full of fish. Some of the lakes were there all year.

■run down 下の方へ流れる　■come together 一体となる　■still 形 静かな
■rise 動（体積などが）増大する　■low land 低地　■fill with ～で満たされる
■all year 一年中

毒もみのすきな署長さん

氷のように冷たい水の流れる４つの大きな川が、カラコン山を流れていました。川はプハラの町で集まり、いっしょになって１つの広い川になりました。この大きな川のおだやかな流れはとても静かで透き通っていました。川面に雲や木々が写るのが見えました。

　大雨が降ると川の水かさが増しました。すると川の近くの低地にも水が一杯になりました。そこに小さな沼ができ、魚がたくさんおりました。沼のいくつかは年中そこにありました。

The Police Chief

There were many catfish in the little lakes. But the people of Puhara did not like to eat catfish. So, the fish continued to increase in number.

One year, the barber named Richiki said that a great big fish had come to live in one of the lakes. Richiki said it had swum there from the ocean. Most of the adults and some of the older children smiled at this. They knew it couldn't possibly be true. Richiki was known for being a terrible barber, and he often lied. But the younger children still went to the lakes to see the great big fish from the sea. No matter how long they looked, though, they never saw any sign of the big fish. Most people stopped listening to Richiki at all.

■catfish 図なまず　■barber 図床屋　■swum 動swim（泳ぐ）の過去分詞　■smile at 〜を笑って受け流す　■no matter how どんなに〜であろうとも　■sign of 〜の兆候　■stop 〜 at all まったく〜しなくなる

小さな沼には、なまずがたくさんおりました。しかし、プハラの人たちはなまずを食べようとしませんでしたから、なまずはどんどん増えました。

　ある年、リチキという名の床屋が1匹の大きく立派な魚が沼の1つに住むようになったと言いました。リチキが言うには、その魚は海から泳いできたそうです。たいていの大人や何人かの年上の子どもたちは、これをきいても笑っていました。そんなことは有り得ないと知っていたからです。リチキはひどく下手な床屋として有名で、しょっちゅう嘘をついていました。けれども年下の子どもたちはやはり沼に行って海から泳いで来た大きく立派な魚を見ようとしました。ところがどんなに長いあいだ見ていても、大きな魚がいる気配を見つけることはできませんでした。たいていの人たちはリチキの言うことにまったく耳を貸さなくなりました。

The Police Chief

There is a law in Puhara that says, "You must not use guns to kill birds, and you must not use poison bags to catch fish." Richiki the barber says this is how you make and use the poison bags:

"First, take some *sansho* bark on a very dark night. It must be on the Day of the Horse in spring. Dry the bark twice in the hot sun. Then, make it into powder. Put this into a bag together with burned wood. The wood must come from the maple tree, and it must be burned on a fine, sunny day. Then put this bag into the water."

When this is done, the fish drink the poison and die. They come to the top of the water with their white bellies up.

One of the most important jobs of the Puhara police was to stop people from catching fish with these poison bags.

■law 図法律　■poison bag 毒袋《毒もみ漁に使われる毒の入った袋》　■bark 図樹皮　■Day of the Horse 午の日《日を十二支（十二進法）で表している》　■make ~ into powder ～を粉状にする　■belly 図腹　■stop ~ from doing ～が…するのを妨げる

プハラにはこんな法律があります。「鉄砲を使って鳥を殺してはなりません。毒もみをして魚を取ってはなりません」。床屋のリチキは毒もみの袋の作り方と使い方をこういうふうに教えています。

「まず、とても暗い夜に山椒の皮をむく。必ず春の午(うま)の日にする。晴れた日に2回皮を干して乾かす。それから粉にする。これを燃やした木の灰といっしょに袋に入れる。必ずもみじの木を用い、よく晴れた日に燃やす必要がある。次にこの袋を水につける」

　袋を水につけると、魚が毒を飲んで死にます。白い腹を上にして水面に浮かび上がるのです。

　プハラ警察の最も重要は仕事の1つは、人々にこの毒もみで魚を取らせないようにすることでした。

The Police Chief

Then, one summer, a new police chief came to the town of Puhara. He wore a long, red coat that had beautiful gold buttons. He went out every day to keep a careful watch over the town.

If he saw a horse that looked tired, he would ask the owner if the horse's bags were too heavy. If a baby cried loudly, he would tell the mother it was small pox.

Around the same time, there were some people who began to break the law of Puhara. The fish disappeared from some of the lakes along the river. Sometimes there were dead fish at the top of the water. Often, after a Day of the Horse in spring, people would find the bark missing from the *sansho* tree. But the chief and his policemen didn't seem to think that such things were really happening.

■wore 動wear（着ている）の過去　■keep a watch over　〜を見守り続ける　■small pox 天然痘　■around the same time 同じころ　■break a law 法律を破る　■top of 〜の表面　■missing from 〜からなくなっている　■seem to 〜のように見える

ある夏、新しい警察署長さんがプハラの町にやって来ました。きれいな金ボタンのついた長い赤い上着を着ていました。毎日出かけて町を注意深く見回りました。

　馬が疲れているのを見れば、馬の持ち主に荷物が重すぎるのではないかと尋ねました。赤ちゃんが大声で泣いていると、疱瘡のせいだと母親に教えました。

　ちょうどそのころ、プハラの法律を破り始める者が出て来ました。川沿いのいくつかの沼から魚が消えました。時々、水面に死んだ魚が浮かんでいます。春の午の日のあと、山椒の木の皮がむかれていることに人々が気づくことがたびたびありました。でも、署長さんも巡査たちもそんなことが本当に起こっているとは思っていないようでした。

The Police Chief

But, one morning, a group of children discovered something when they began to talk.

"The police chief got so angry at me the other day," one of the children said.

"Wow! The chief himself?"

"Yes! I threw a stone by the lake. I didn't know anybody was there. But the chief and three or four men were hiding by the pond. They were trying to catch the people who catch fish with the poison bags."

"What did the chief say to you?"

"He said, 'Who threw a stone? We're busy here, trying to catch people who are breaking the law! Go away and don't tell anyone what you saw here.'"

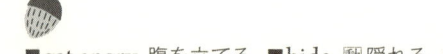

■get angry 腹を立てる ■hide 隠れる ■pond 池 ■go away 立ち去る

ところがある朝、子どもたち同士が話をしているうちに何かに気づきました。
「ついこのあいだ、署長さんにうんと叱られたんだ」子どもの1人が言いました。
「へー、署長さん本人にか」
「そうだよ。ぼくは沼の近くに石を投げたんだ。誰かがいるなんて思わなかった。でも署長さんとほかに3、4人が沼の近くに隠れていたんだ。毒もみで魚を取る人たちを捕まえようとしていたんだ」

「署長さんに何て叱られたの」
「『石を投げたのは誰だ。わしらは法律を破るやつらを捕まえようと忙しくしているんだぞ。あっちへ行け。ここで見たことを誰にも言ってはならんぞ』って、言ったよ」

The Police Chief

"Then I'm sure the person with the poison bags will be caught soon," said another child.

But six months passed and still nobody was caught. The children of Puhara began talking again.

"Listen to this!" said one child. "Last night, just as the moon came up, I saw the police chief all dressed in black. He was talking to that man who goes hunting with a gun. The police chief said to him, 'I want this wood powder finer next time!' The man said something back. Then the police chief said, 'You want me to pay two dollars for this? I know you mix oak wood into it! Dream on!' I'm sure they were talking about powdered *sansho* bark and burned wood!"

■I'm sure 〜と確かに思う　■nobody 誰も〜ない　■just as 〜と同じとき に　■all dressed in black 黒づくめの格好をしている　■fine 細かい　■oak かしの木　■dream on 夢でも見ていろ

「それじゃ、毒もみをした人はきっとすぐに捕まるね」別の子どもが言いました。
　ところが６カ月たっても、まだ誰も捕まりませんでした。プハラの子どもたちはまた話し始めました。

　「ねえ、きいてよ」１人の子どもが言いました。「ゆうべ、お月さんがちょうど昇ったころ、黒づくめの署長さんを見たんだ。鉄砲で猟をするあの男の人と話をしていた。署長さんはその人に言ったんだ。『この次はもっと細かい木粉がほしい』って。その人は何か言い返したよ。すると署長さんが言ったんだ。『これに２ドル払えと言うのか。かしの木を混ぜただろうが。寝ぼけたことを言うな』って。きっと山椒の皮の粉と木灰のことを話していたんだ」

The Police Chief

Hearing this, another child shouted, "Oh, I remember something! Once, the chief bought two bags of burned wood at our house! It's used with the bark to make the poison!"

"Yes! That's it!" cried the other children.

■once 副 以前　■that's it まさにそれだ

毒もみのすきな署長さん

これをきくと、別の子どもが叫びました。「そうだ、思い出したぞ。前に、署長さんがぼくの家で木灰を2袋買ったよ。山椒の皮と混ぜて毒をつくったんだ」

「そうだ。その通りだ」ほかの子どもたちが叫びました。

The Police Chief

When Richiki the barber heard about this, he started to add up some numbers. He didn't have many customers and lots of free time, so he could do this. He wrote down:

Cost of Poison-Bag Fishing:
    One bag of bark   2 dollars
    One bag of burned wood 30 coins
    Total   2 dollars, 30 coins

Money Made from Poison-Bag Fishing:
    Thirteen eels   13 dollars
    Other fish (estimated)   10 dollars
    Total   23 dollars

Police Chief's Profit: 20 dollars, 70 coins

■add up ～を合計する　■free time ひまな時間　■eel 图鰻　■estimate 動推定する　■profit 图利益

床屋のリチキがこのことを耳にすると、いくつかの数を合計し始めました。客が少なく、ひまな時間がたっぷりあったので、計算してみたのです。こんなふうに計算しました。

毒もみの経費

　　　山椒皮１袋　　　　２ドル

　　　木灰１袋　　　　　30セント

　　　合計　　　　　　　２ドル30セント

毒もみの収入

　　　鰻13匹　　　　　　13ドル

　　　他の魚（推定）　　10ドル

　　　合計　　　　　　　23ドル

　署長の利益　　　　　20ドル70セント

The Police Chief

The talk spread all around town. It got so bad that when the children saw any policeman, they would act like they were afraid and run away. Then they would stop, turn, and yell, "Hey, poison-bag policeman! Why don't you leave us the catfish at least?"

It got so bad that the mayor of Puhara stepped in. He took six of the town's leaders with him and went to talk to the police chief.

As they sat in the chief's room, the chief seemed to be looking somewhere far away.

"Do you know what the people in town are saying? They say that someone continues to break the poison-bag fishing law. What are your thoughts on this?"

"Do you think it's true?" asked the police chief.

■spread 動広がる　■act like 〜のように振る舞う　■run away 逃げ出す
■yell 動どなる　■why don't you 〜 at least せめて〜したらどうなんだ
■leave someone A （人に）Aを残していく　■step in 介入する　■far away とても遠く

この話は町中に広まりました。あまりに話がひどくなったので、子どもたちはどんな警察官でもその姿を見かけると、怖がっている振りをして逃げました。そのあと立ち止まって振り返り、どなるのです。「やーい、毒もみのお巡りさん。せめてなまずだけでも残してよ」

　あまりに話がひどいので、プハラの町長さんが乗り出しました。6人の町の役人を連れて、署長さんと話をしに行きました。
　みんなが署長室にすわると、署長さんはどこか遠くの方を見ているようでした。
　「町の人たちが何て言っているか知っていますか。毒もみによる魚取り禁止令を破り続けている者がいると言うのです。このことをどのようにお考えですかな」

　「それは本当だと思われますか」署長さんが尋ねました。

The Police Chief

"I'm afraid so," said the mayor. "The *sansho* trees around my house are all missing their bark. And the people say that dead fish are often found in the water."

The police chief gave a strange little smile at this.

"Oh, that's what the people are saying, is it?"

"Yes, it is," said the mayor, feeling rather uneasy. "In fact, the children are saying…well, they're saying that *you* are the poison bag man. It's so strange, isn't it?"

At these words, the police chief jumped up from his chair.

"It's awful!" he said. "It shows that I am not doing my job! I will arrest the criminal right now."

■I'm afraid so 残念ながらそのようです　■give a smile ほほえむ　■feel uneasy 落ち着かない気持ちになる　■at a word 言葉を聞くとすぐに　■arrest 動 〜を逮捕する　■criminal 名 犯罪者

「残念ながらそのようですな」町長さんが答えました。「わたしの家の周りの山椒の木はみんな皮がむかれています。それに町の人たちは死んだ魚がたびたび浮かんでいると言っています」

すると署長さんが奇妙なかすかなほほえみをもらしました。

「ほう、町の人たちがそう言っているのですな」

「そうです」町長さんは答えましたが、落ち着かない気持ちになりました。「それどころか、子どもたちが言うには……えーっと、あなたが毒もみの犯人だと言うのです。変ではありませんかな」

これをきくと、署長さんは椅子から飛び上がりました。

「それはひどい」署長さんが言いました。「わたしが仕事をしていないと言うのですな。すぐに犯人を逮捕しましょう」

The Police Chief

"Well, do you have any idea who it is?"

"Let me see. Yes, I do. In fact, I know perfectly well."

"Who is it then?"

"*I* am the poison bag man!"

"You! So it was you all along?" said the shocked mayor.

"Yes."

"You're sure?"

"Of course."

With this, the police chief called for the head detective.

Then the police chief was tied up and put on trial. He was sentenced to death.

Just before the big sword cut his head off, the police chief smiled. Then he said:

■let me see そうですね、ええと ■call for 〜を呼び出す ■detective 图探偵 ■tie up 縛り上げる ■put on trial 裁判にかける ■sentence to death 死刑判決を下す ■cut 〜 off 〜を切り落とす

「では、犯人に何か心当たりがありますかな」

「そうですな。あります。それどころか、よくわかっています」

「ではそれは誰ですかな」

「わたしが毒もみの犯人です」

「あなたが。それでは初めからあなただったのですね」町長さんが驚いて言いました。

「その通りです」

「たしかですか」

「もちろんです」

そう言うと、署長さんは第１等の探偵を呼びました。

そのあと署長さんは縛られて裁判にかけられ、死刑が宣告されました。

大きな刀で首をはねられる直前、署長さんはにっこり笑って言いました。

The Police Chief

"It was fun! If it were up to me, I would do nothing but catch fish with poison bags all day long! And now, I'll go do it in hell."

All the people were very moved.

■up to 〜次第である　■do nothing but 〜に明け暮れる　■move（人の心などを）動かす

毒もみのすきな署長さん

「面白かったなあ。好きなようにできるなら、一日中、毒もみをして魚を取っていたいもんだ。これからは地獄ですることしよう」

そこにいた人たちはみな心を動かされました。

覚えておきたい英語表現

> There is a law in Puhara that *says* ～ （p.92, 1行目）
> プハラには～と定めた法律があった

【解説】
　関係代名詞 that は、a law の代わりなので says の意味上の主語は a law (the law) となります。say は「言う」の意味ですので The law says ～で「法律は～と言っている」、つまり「法律によると～だ」という意訳になります。実際には法律が何かを「言う」ことはありませんから、意訳して理解する必要があります。
　英語にはこのように、生き物ではないものが動作をおこなう形になっている表現があります。このような文の主語を「無生物主語」と言います。日本語にはない使い方なので、慣れておく必要があります。

> Newspaper *says* there was a big accident yesterday.
> 新聞によると昨日大きな事故があったらしい。

> This sign *says* that we cannot take a picture here.
> この看板にはここは撮影禁止と書いてあります。

　say 以外にも、無生物主語とともによく使われる動詞があります。こちらもぜひ一緒に覚えましょう。

> This bus will *take* you to the station.
> このバスに乗れば駅まで行けますよ。

> This book *gives* us useful information.
> この本には有益な情報が載っている。

> This result *shows* that we were right.
> この結果は私たちが正しかったということを示している。

　日本人には無生物主語を用いて英文を作ることが苦手な方が多いです。しかし使いこなせるようになると、英語でのコミュニケーションがぐんと楽になります。日頃から人間だけでなく、物を主語にして英語で表現する練習をしてみましょう。

All the people *were moved*. （p.110, 4行目）
みんなはすっかり感服しました。

【解説】
　直訳すると「すべての人が感動させられた」となります。moveは「動く」「〜を動かす」が元々の意味で、「人の心を動かす」つまり「〜を感動させる」という意味もあります。ここで注意していただきたいのが、「**自分以外の人の心を動かす**」という意味であることです。
　つまり自分が感動した時に I moved. とは言えないということです。これでは「私は（〜を）感動させた」という意味になってしまうので、受動態にして「私は感動させられた」にしないといけません。move以外にも気持ちの変化を表す動詞の多くが「〜を…させる」という意味を持っています。

　「私は驚いた」→ I *was surprised.*
　　　＊I surprisedは「私が（〜を）驚かせた」

　「彼は衝撃を受けた」→ He *was shocked.*
　　　＊He shockedは「彼は（〜に）衝撃を与えた」

　「彼女は喜んだ」→ She *was pleased.*
　　　＊She pleasedは「彼女は（〜を）喜ばせた」

　英語では人の感情の変化を意味する動詞の多くが、自分以外の他者に働きかける動詞、つまり「他動詞」です。他者に働きかける動詞なので、自分が「驚いた」等という時には受動態で表現します。これらはとても論理的な理由で説明ができます。
　例えば石を投げたとしましょう、"I threw a stone." という能動態で表現できます。このthrew（原形throw）という動詞は「『よーし！ 投げよう！』と思って行動する」ことで実現される動作です。これが「能動的に投げた」のイメージです。それに対して「感動した」はどうでしょう？ 日本語では自然な表現ですが、ここは英語脳で考えましょう。
　「能動的に感動する」ことはあり得るでしょうか？「よーし！ 今から感動するぞ！」と言って感動する人はいるでしょうか？ そんな人はいませんよね……。

覚えておきたい英語表現

　英語の考え方としては、人は能動的に驚いたり喜んだりするのではなく、何かのきっかけが人の心を動かして驚かされたり喜ばされたりするのです。
　文法は「文の決まり」ではなく、「人の気持ちやメッセージを伝える方法」なのです。文法に込められた気持ちを理解することで、文法理解が深まり、英語力に幅がでてきます。

The Restaurant of Many Orders
注文の多い料理店

The Restaurant of Many Orders

Two young gentlemen were walking deep in the forest. They were dressed like British soldiers. They had new guns at their side, and two big white dogs followed at their feet. The two men talked as they went.

"You know, the country around here is awful," one said. "There are no birds or animals anywhere! I would love to shoot at something right now. Bang, bang! I'd shoot at anything, as long as it moves."

■dress like 〜のような格好をする　■at one's side かたわらに　■at one's feet 足元に　■you know あのね、ところで　■right now 今すぐに　■as long as 〜さえすれば

2人の若い紳士が森の奥深くを歩いていました。イギリスの兵隊のような服を着て、ぴかぴかの鉄砲をかつぎ、2匹の大きな白い犬をつれていました。2人は歩きながら話をしていました。

「このあたりの田舎はひどいねえ」1人が言いました。「鳥も獣もどこにも1匹だっていやしない。すぐにでも何かを撃ちたいものだねえ。バン、バンとね。動くものなら何だって撃ちたいねえ」

The Restaurant of Many Orders

"I agree," said the other. "It would be so fun to kill a deer right now. I can just see him running in circles then falling down on the ground."

The men were *very* deep in the mountains. They were so deep, in fact, that the experienced hunter who had come as their guide had walked away and disappeared somewhere. What's more, the forest was so dark and dangerous that both dogs were afraid. They both got dizzy, barked for a while, then died.

"That dog cost me two thousand and four hundred dollars!"

"Mine cost two thousand and eight hundred," said the other man.

「そうだねえ」もう1人がうなずきました。「すぐにでも鹿を撃てたら面白いだろうなあ。ぐるぐる回って地面にどっと倒れるのが見えるようだよ」

2人は山の奥深くにおりました。ひどく山奥だったので、案内してきた経験豊かな猟師もさっさと立ち去り、どこかに消えてしまいました。おまけに森はとても暗く危険でしたので、2匹の犬は怖がりました。どちらもめまいを起こして、しばらく吠えたあとに死んでしまいました。

「犬が死んで2400ドルの損害だ」

「ぼくは2800ドルの損害だ」もう1人が言いました。

The Restaurant of Many Orders

The first gentleman started to look worried.

"I should probably go head back now," he said.

"You know, I was just thinking the same thing," said the other. "I'm feeling a little cold and hungry. I'll join you."

"All right," said the first. "Let's go back to the inn we stayed at yesterday. We can buy a few chickens to eat there."

"Yes, that's a good idea. Let's go home then."

But the trouble was they didn't know how to go back.

Suddenly, it got very windy. The trees moved back and forth. The leaves shook, making strange noises. It got very cold.

■look worried 心配そうな顔をする ■go head back 引き返す ■inn 宿屋 ■get windy 風が出る ■move back and forth 前後に動く ■get cold 寒くなる

最初の紳士は心配そうな顔になりました。

「ぼくはそろそろ戻ろうと思う」と言いました。

「そうだね。ぼくも同じことを考えていたんだ」もう1人が言いました。「少し寒くなってきたし、腹が空いてきた。いっしょに帰るよ」

「わかった」最初の紳士が言いました。「昨日の宿屋に戻ろう。そこで鶏肉を少し買って食べればいい」

「そうだね。いい考えだ。では帰ろうじゃないか」

ところが困ったことに、戻る道がわかりませんでした。

いきなり、風が強くなりました。木々が前後に揺れ、木の葉が震えて奇妙な音を立てています。それにとても寒くなりました。

The Restaurant of Many Orders

"I really am hungry!" one gentleman said. "I haven't eaten anything all day long!"

"Me too," said the other. "I don't feel like walking any more."

"Oh, I wish I had something to eat!"

The forest and the wind made strange noises all around them as they talked.

Just then, one gentleman happened to look up. And there, standing in front of them, was a fine building. A sign over the door said, "Restaurant Wild Cat House."

"Look at this!" he said. "It's perfect! This forest isn't so wild after all. Let's go in."

"It's strange that a building like this is here in the middle of the forest, isn't it? But I guess we shall be able to eat something there."

■all day long 一日中　■not feel like doing 〜する気になれない　■happen to do ふと〜する　■fine 形立派な　■sign 名看板　■after all 何だかんだ言ったが結局　■guess 動 〜と推測する

「ああ、腹がへった」1人の紳士が言いました。「一日中、何も食べていないよ」

「ぼくもだ」もう1人が言いました。「もう歩きたくないな」

「ああ、何か食べものを持ってくればよかった」

2人が話していると、その周りで森と風が奇妙な音を立てました。

ちょうどその時、紳士の1人が、ふと上を見上げました。2人の前に建っていたのは1軒の立派な建物でした。扉の看板には「西洋料理店　山猫軒」と書かれていました。

「これをごらんよ」紳士が言いました。「ちょうどいいや。やはりこの森はそんなに荒れていなかったんだね。入ろうじゃないか」

「こんな建物が森の真ん中に建っているなんて変だね。でも、何か食べることはできるだろう」

"Of course!" said the other. "It says 'restaurant' on the sign!"

"Well, let's give it a try. I feel like I could die of hunger."

注文の多い料理店

「もちろんだよ」もう1人が言いました。「看板に西洋料理店と書いてあるじゃないか」

「では、試してみるとするか。腹がへって死にそうだよ」

The Restaurant of Many Orders

They walked through the door and into the front room. It was very beautiful inside, with white walls everywhere. There was a glass door just ahead. Over it was another sign. It read, "Please come in. Feel free to help yourself. There's no need to wait."

This made the two gentlemen very happy.

"Look at that!" said one of them. "You see? Things always work out well in the end. All day we've been having bad luck. But look at how lucky we are now! That sign says that we don't even have to pay!"

"It does seem to be saying that," said the other. "I think that's what 'feel free to help yourself' means."

■front room 玄関の間　■just ahead すぐ前方に　■read 動 〜と書いてある
■feel free to 自由に〜する　■help oneself セルフサービスで飲食する
■make 〜 happy 〜を喜ばせる　■work out well うまくいく　■say 動 〜と書いてある

2人は扉を押して玄関に入りました。中はとても美しく、どの壁も真っ白でした。目の前にガラスの扉がありました。その真上に別の看板があり、こう書いてありました。「どうぞお入りください。ご自由に取ってお食べください。お待ちいただく必要はありません」

　これを読んで2人の紳士はとても喜びました。
　「これをごらんよ」1人が言いました。「ほらね、何事も最後はいつもうまくいくってことだよ。今日は一日中ついてなかったけれど、今はこんな幸運に恵まれているよ。看板にはお金を払わなくていいとさえ書いてあるよ」

　「どうもそうらしい」もう1人が言いました。「『ご自由に取ってお食べください』っていうのは、そういう意味だと思うよ」

The Restaurant of Many Orders

They pushed the door open and walked in. They entered a long hall. They found another sign on the back of the door. It said, "Guests who are young or fat are especially welcome."

This filled both men with joy.

"Look! It says we are especially welcome!"

"Yes! Because we are both young and rather fat!"

They walked quickly down the long hall. Soon, they came to another door. It was painted bright blue.

"What a strange place!" said one of the young, fat gentleman. "Why are there so many doors?"

"Well, it's because this is the Russian way," said the other young, fat gentleman. "They always use many doors in places that are cold or in the mountains."

■push a door open 扉を押し開ける　■hall 图廊下　■fill someone with joy (人を) 喜びでいっぱいにする　■walk down 〜を歩いていく　■way 图やり方

２人は扉を押して中に入りました。そこは長い廊下でした。扉の裏に別の看板があるのが目に入りました。そこには「若い方や肥えた方は大歓迎いたします」と書いてありました。

　これを読むと２人は大喜びしました。

「ごらんよ。ぼくらは大歓迎されているんだ」

「そうだね。ぼくらは若くておまけにけっこう肥えているからね」

　２人は急いで長い廊下を歩いて行きました。まもなく、別の扉がありました。水色のペンキが塗られています。

「何て変なところだろう」若くて肥えた紳士の１人が言いました。「どうしてこんなにたくさんの扉があるんだろう」

「それはね、ロシア式だからだよ」もう１人の若くて肥えた紳士が答えました。「寒いところや山の中はいつも扉がたくさんあるんだよ」

The Restaurant of Many Orders

They were just opening the blue door when they saw another sign above it. In large, yellow letters, it read, "We hope you will like this restaurant of many orders."

"I suppose many people like this place," said one. "It's quite interesting that a place all the way in the forest is so popular."

"Of course! Even in the city, none of the best restaurants are on the main streets."

They soon came to another door. They opened it and walked through. On the other side, a sign said, "There really are so many orders. We hope you won't mind."

"Now what do you think that means?" one asked.

■letter 名文字　■all the way はるばる遠く　■none 代どれひとつとして〜ない　■mind 動いやだと思う　■now 副さて、ところで

2人が水色の扉を開けようとすると、その上に別の看板が見えました。大きな黄色の文字でこう書いてありました。「お客様にはこの注文の多い料理店を気に入っていただきたいと願っております」

　「この料理店を好きな人がたくさんいるんだな」1人が言いました。「森のこんな奥にあるのにこれほど人気があるとは実に面白いね」

　「そりゃそうだ。都会でも、高級料理店は大通りには1軒もないからね」

　2人はすぐに別の扉のところに来ましたので、扉を開けて中に入りました。その裏側に看板があり、こう書いてありました。「注文はずいぶん多いですが、お気になさらないでください」

　「さて、これはどういう意味だと思うかね」1人が尋ねました。

The Restaurant of Many Orders

"Hmm. I think it means they're busy. They must have a lot of orders coming in. It will take a long time before the food comes out. Or something like that."

"Yes, I guess you're right. But I do want to sit down and eat as soon as possible, don't you?"

"Yes. I'm so hungry!"

But the young men found there was yet another door. Next to it was a mirror hanging on the wall. There was a brush lying beneath the mirror. A sign in red letters said, "Guests are asked to please brush their hair and get the mud off of their shoes here."

"What a clean and fine restaurant this is!"

"They must want things just right. I think some of their guests must be very rich."

■it will take a long time before 〜までにかなり時間がかかる　■yet another　さらにもうひとつの　■hanging on the wall　壁にかかっている　■beneath　副〜のすぐ下に　■get 〜 off　〜を取り除く　■mud　名泥

「うーん、つまりこの料理店は忙しいのだと思う。きっとたくさん注文が入るんだろう。だから料理が出て来るのにうんと時間がかかるんだろうね。まあ、そんなところだろう」
「そうだろう。きみの言う通りだと思うよ。それにしても、腰かけてすぐにでも食事したいもんだな」
「そうだな。ものすごく腹がへったよ」
　ところが若い紳士たちは、また別の扉があるのに気づきました。その横の壁には鏡がかかっていました。鏡の下にブラシが置いてありました。扉には赤い字で「お客様は髪をとかし、靴についた泥をここで落としてください」と書いてありました。

「何て清潔で立派な料理店だろう」
「きっと正しいやり方でやりたいんだよ。客の何人かはすごい金持ちにちがいない」

The Restaurant of Many Orders

The two young men brushed their hair and cleaned the mud off of their boots.

But when they put the brush back, a strange thing happened. The brush disappeared, and a strong wind blew through the room. Suddenly afraid, the two gentlemen held onto each other and ran through the next door. Both men felt that if they didn't eat something soon, almost anything could happen.

In the next room was another sign. It read, "Please leave your guns here."

"Well, said one young gentleman, "no one eats with their gun, right?"

"Right," said the other. "I'm starting to think that all the guests at this restaurant must be important people. There are so many rules to follow here."

■put ~ back ～を元の場所に戻す　■blew 動blow（風が吹く）の過去　■hold onto each other 互いにつかまりあって　■follow 動（習慣などに）従う

2人の若者はブラシで髪をとかし、長靴から泥を落としました。
　ところがブラシを戻したとき、奇妙なことが起こりました。ブラシが消えて、部屋中を強い風が吹き抜けたのです。2人の紳士は突然恐ろしくなり、互いにしがみつき、次の部屋に走って行きました。2人とも、すぐに何か食べないと何が起こるかわからないと思いました。

　次の部屋には新たな看板があり、こう書いてありました。「鉄砲をここに置いてください」
　「なるほど」紳士の1人が言いました。「鉄砲を持ってものを食う者はいないからな、そうだろ」
　「そうだね」もう1人が言いました。「この料理店の客はみな偉い人にちがいないという気がしてきたよ。こんなにたくさんの規則を守らないといけないからね」

The Restaurant of Many Orders

They put down their guns. There was another door. This one was black, and it said, "Please take off your hats, coats, and shoes."

"What do you think? Should we take them off?"

"I think so. These guests must be *really* important. We don't want to be the only ones not following the rules."

They took off their hats, coats, and shoes. They went through the next door. On the other side was a sign that read, "Please take off your tie pins, glasses, purses, and anything else with metal in it, especially anything pointed."

Next to the door stood a safe. It was big and black, and it had a strong lock on it.

■put down 〜を下に置く　■take off（身につけているものを）とる
■purse 名財布　■anything else その他何でも　■pointed 形先の尖った
■safe 名金庫

2人は鉄砲を外しました。また扉があり、黒い色をしていました。そこにこう書いてありました。「どうか帽子と外套と靴をおぬぎください」

「どう思う。ぬがないといけないかな」

「そうだね。ここの客はよっぽど偉い人たちなんだな。ぼくらだけが規則を守らんというわけにはいかんだろう」

2人は帽子、外套、靴をぬぎました。次の部屋に進むと、扉の裏側の看板にこう書いてありました。「どうかネクタイピン、眼鏡、財布、その他の金物類、特に尖ったものは外してください」

扉のすぐ横には金庫が置いてありました。大きくて黒い金庫で、頑丈な錠が取りつけてあります。

The Restaurant of Many Orders

"Of course! They must use electricity while they're cooking. So bringing in metal must be dangerous. That's what I think it means."

"I guess you're right."

So the two young, fat gentlemen took off their coats, glasses, tie pins, and everything else that was metal or pointed. They put everything in the safe and locked it.

They continued on their way. The next door they came across had a glass bowl in front of it. It had some cream in it. The sign on the door said, "Please spread cream from the bowl all over your face. Put some on your hands and feet too."

"Now, why would they want us to put cream on?"

■electricity 名電気　■everything else その他すべて　■continue on one's way そのまま歩き続ける　■come across ～に出くわす　■spread 動 ～を塗る
■all over 全体にわたって　■put ~ on ～を塗る

「なるほどな。料理しているときに電気を使うようだ。だから金物類を持ち込むのは危険なのだな。つまりそういう意味だと思う」

「きみの言う通りだと思うよ」

そういうわけで2人の若く肥えた紳士は外套をぬぎ、眼鏡、ネクタイピン、それに金物類や尖ったものすべてを外しました。それらを金庫に入れ錠をかけました。

2人はなおも進みました。次の扉の前にはガラスの椀があり、中にクリームが入っていました。扉の看板にはこう書いてありました。「どうかお椀の中のクリームを顔全体に塗ってください。手や足にも塗ってください」

「さて、どうしてクリームを塗れというんだろう」

The Restaurant of Many Orders

"Well, if it's very cold outside and too warm inside, your skin gets chapped. This will help. You know, they must get only the very best and most important people coming here. I think we might end up meeting royal people!"

The gentlemen put the cream on their faces. Then they spread it on their hands. They took off their socks and spread it on their feet as well. There was still a little left in the bowl, so they ate it, acting like they were just putting more on their faces.

In a hurry, they opened the next door. But they found another sign. It said, "Did you put on enough cream? On your ears too?" A smaller bowl of cream sat there.

■chapped 形（皮膚などが）荒れた　■end up doing 最後には〜する　■royal people 皇族　■as well 同様に　■act like 〜のように振る舞う　■in a hurry 急いで　■sit 動（物が）置いてある

「そうだな、外がひどく寒くて中が暖かすぎると肌にひびが入るから、これは予防なんだ。ここに来ているのは、よほど一流の偉い人たちばかりにちがいないからね。皇族に会えるかもしれないよ」

2人は顔中にクリームを塗り、それから手にも塗りました。靴下をぬいで足にも塗りました。椀にはまだ少し残っていましたので、2人は顔に塗る振りをして食べてしまいました。

大急ぎで2人は次の扉を開けました。するとそこにも看板がありました。「クリームをたっぷり塗りましたか。耳にも塗りましたか」と書いてあります。そこにクリームの入った小さな椀が置いてありました。

The Restaurant of Many Orders

"Oh, I forgot about my ears!" said one. "I don't want them getting chapped either. The owner of this restaurant really thinks of everything."

"Yes, he really does. But you know, I wouldn't mind eating something now. I wonder how many more rooms we have left to go through?"

But the next sign read, "The meal will be ready soon. Really, it should only take another fifteen minutes. But for now, please pour this perfume over your head."

Sitting in front of the door was a beautiful bottle.

But when the two gentlemen poured it on themselves, they noticed something strange. The perfume smelled a lot like vinegar.

"Oh, this stuff doesn't smell right," said one. "What do you think is wrong with it?"

■would not mind doing 〜するのも悪くない ■wonder how many 〜は何個くらいだろうと思う ■for now 今のところは ■pour 動（液体などを）かける ■a lot like 〜によく似ている ■stuff 图物質 ■wrong with 〜に不具合があって

「ああ、耳のことを忘れていたよ」1人が言いました。「耳にひびが入るのはいやだからな。この料理店の主人は何事にも実によく気がつくね」

「そうだね。よく気がつくものだ。ところできみ、ここらで何か食べたいものだな。あとどれだけの部屋が残っているんだろうね」

ところが次の看板にはこう書いてありました。「料理はすぐにできます。本当にあと15分でご用意できます。それまでに、この香水をあなたの頭に振りかけてください」

扉の前にはきれいな瓶が置いてありました。

ところが2人は香水を頭に振りかけると、何かがおかしいことに気づきました。香水は酢のような臭いがしました。

「あれ、この香水は変な臭いがする」1人が言いました。「どうしたんだろうね」

The Restaurant of Many Orders

"It must be a mistake," said the other. "One of the helpers must have had a cold and put the wrong thing in the bottle."

When they opened the door and went through, they saw another sign. In big letters, it said, "You poor things must be tired of all these orders. But we promise this is the last one. Please put some salt all over yourself."

A blue pot full of salt sat there. This time, both young men were suddenly very afraid. They looked at each others' cream-covered faces.

"I don't like this," said one.

"Me neither," said the other.

"I think 'lots of orders' means that *they* are giving *us* orders!"

■helper 图 お手伝い ■have a cold 風邪をひいている ■poor thing かわいそうな人 ■tired of ～にうんざりしている ■pot 图 壺 ■neither 副 ～もまたない

「何かのまちがいにちがいない」もう1人が言いました。「給仕の1人が風邪でも引いて、瓶にまちがえて入れたにちがいない」

2人が扉を開けて中に入ると、別の看板がありました。大きな字でこう書いてありました。「お気の毒にこんなに注文が多くてお疲れでしょう。でも、これが最後だとお約束します。どうか塩を体中にもみ込んでください」

塩が一杯入った青い壺が置いてありました。今度という今度は、2人の若者はにわかに恐ろしくなりました。お互いにクリームを塗った顔を見合わせました。

「どうも気に入らない」1人が言いました。

「ぼくもだ」もう1人が言いました。

「たくさんの注文というのは向こうがぼくらに注文しているんだよ」

The Restaurant of Many Orders

"Yes! And I'm starting to think that 'restaurant' doesn't mean a place where we eat food, but a place where w-w-we…"

He began to shake in fear. He shook so hard that he couldn't continue.

"You mean where w-w-we are e-e-eaten? Oh, dear!" said the other. He, too, began to shake. He shook so hard that he couldn't continue either.

"Let's run!" Still shaking, one of the gentlemen turned and pushed the door behind him. But it would not open.

At the other end of the room was another door. It was stranger than the other doors. It had two big keyholes in it. The door was made of wood and it had a large knife and fork painted on it. Next to it was a sign that read, "It is so nice of you to come here. You've done very well. Now just come inside, please."

■in fear 恐怖で　■dear 囲まあ、なんと　■run 動急いで逃げる　■end of ～の端　■keyhole 鍵穴　■it is nice of you to ～していただいてありがとうございます

「そうだ。ぼくが思うに、料理店というのはぼくらが料理を食べるところではなくて、ぼ、ぼ、ぼくらが……」

そして、恐怖でがたがた震え出しました。ひどく震えるので、ものが言えなくなりました。

「つまり、ぼ、ぼ、ぼくらが、た、た、食べられるというのか。うわあ」もう1人が言いました。やはり、がたがた震え出しました。ひどく震えるので、こちらもものが言えなくなりました。

「逃げよう」まだ震えながら、1人が振り返り、うしろの扉を押しました。ところが扉は開きません。

部屋の奥に別の扉がありました。ほかに比べて奇妙な扉で、大きな鍵穴が2つついています。扉は木製で、大きなナイフとフォークの絵が描かれています。扉の横の看板にはこう書かれています。「ここに来てくださりありがとうございます。たいへんけっこうにできました。さあどうぞ中にお入りください」

The Restaurant of Many Orders

But the most terrible thing was this: there were two blue eyes that were watching them through the keyhole.

"Oh, dear!" cried one of the gentlemen.

"Oh, *dear*!" cried the other.

They both started crying.

Then they heard voices talking quietly on the other side of the door.

"Oh, no. They know now," one voice said.

"Well, what did you think would happen?" the other voice said. "It's because of the way the master wrote those signs. He wrote 'you poor things,' and all that. It was no good!"

"Well, either way we won't get to eat anything. Not even their bones."

"You're right. But if they won't hurry and come in here, the master will be so angry at us!"

■other side of ～の向こう側　■and all that　などなど　■either way どちらにしても　■not even ～でさえない

ところで、何より恐ろしいのは、鍵穴から2人を見つめている2つの青い目玉でした。

「うわあ」紳士の1人が叫びました。
「うわあ」もう1人も叫びました。
　2人は泣き出しました。
　その時、扉の向こうから、こそこそ話す声がきこえました。
「だめだよ。もう気がついているよ」声が言いました。
「なあ、ほかにどうなると思っていたんだ？」別の声が言いました。「親分の看板の書き方が悪いんだ。お気の毒にやら何やら書くからだよ。まったくまずいことをしたもんだ」

「でも、どちらにしてもぼくらは何も食べものをもらえないんだ。骨だってわけてくれないさ」
「その通りさ。でも、あいつらがすぐに入って来なければ、ぼくらが親分に怒られるぜ」

"Shall we call to them? Yes, that's what we should do. Hello! Hello, gentlemen! Come this way, quickly! The dishes are clean and the vegetables are salted. All we need to do now is put you onto the dishes! This way now!"

The two young gentlemen were so afraid that their faces were crumpled like pieces of waste paper. They looked at each other and shook and cried.

The voices on the other side of the door laughed. Then a voice shouted again, "This way! Come this way! If you cry like that, all the cream will wash off!"

Then he seemed to say to someone else, "Yes, sir. They're coming soon, sir."

Now, the voice shouted again at the two young gentlemen. "Come on, we're in a hurry!"

■this way こちらの方へ　■salt 動 塩味をつける　■crumple 動 しわくちゃになる　■waste paper 紙屑　■wash off 洗い落とす　■someone else 他の誰か

「あいつらを呼ぼうか。それがぼくらの仕事だからな。お客さん方、いらっしゃい、いらっしゃい。すぐにこっちにいらしてください。お皿は洗ってありますし、野菜には塩をもみ込んでおきました。あとはお客さん方をお皿にのせるだけ。さあこちらへどうぞ」

2人の若い紳士はあんまり怖がったために、顔がくしゃくしゃの紙屑のようになりました。お互いに顔を見合わせ、ぶるぶると震えて泣きました。

扉の向こうから笑い声が上がりました。それから再び声が叫びました。「こちらに、こちらの方に。そんなふうに泣いたら、クリームがみんな流れるじゃありませんか」

それから声はほかの誰かに向かって言ったようです。「はい、ただいま。じきに持ってまいります」

今度は声が再び2人の若い紳士に向かって叫びます。「いらっしゃい。急いでいるのですよ」

"Yes, hurry up! The master has his knife and fork ready. He's waiting just for you!"

■hurry up　急ぐ

注文の多い料理店

「さあ、急いでください。親分がナイフとフォークをお持ちです。お客さん方を待っておられるんですよ」

The Restaurant of Many Orders

But the two young gentlemen just cried and cried and cried.

Then, suddenly, they heard a loud noise. It was the barking of dogs! Behind them, two big white dogs came running into the room. The eyes behind the keyholes disappeared. The dogs ran around and around, barking and growling. They jumped at the door. The door flew open, and the dogs disappeared as they ran into the darkness beyond. From the darkness came the sound of an angry cat meowing and hissing.

Then the room disappeared. The two young gentlemen found themselves standing in the forest. They were shaking and cold. Their coats, shoes, guns, and all their other things were on the ground around them. A strong wind shook the leaves and the trees.

■run around 走り回る　■growl 動うなる　■jump at ～に飛びつく　■fly open パッと開く　■meow 動ニャーオと鳴く　■hiss 動シューッという音をたてる　■find oneself doing 気がつくと～している

ところが2人の若い紳士は泣いて泣いて泣きました。

その時、いきなり大きな音がきこえました。犬のほえ声です。2人のうしろから、2匹の大きな白い犬が部屋に走り込んで来ました。鍵穴の向こうの目玉が消えました。犬はぐるぐると走り回り、ほえたりうなったりしました。扉に飛びかかると、扉がぱっと開き、犬は向こうの暗闇に向かって走りながら姿を消しました。暗闇から怒った猫のにゃーおという鳴き声としゅーっという音がきこえました。

それから部屋が消えました。気がつくと2人の若い紳士は森の中に立っていました。寒さでぶるぶる震えています。外套、靴、鉄砲、そのほかすべての持ち物が周りの地面に落ちています。強い風が木の葉と木々を揺らしました。

The Restaurant of Many Orders

The dogs came running back and someone behind them called out, "Gentlemen! Gentlemen!"

"We're here, we're here! This way!" they called back.

The experienced hunter came toward them through the forest. His straw cape blew in the wind. The two young gentlemen felt safe at last.

They ate the food the guide had brought with him. Then they returned to the city. They bought some chickens to eat on the way.

But even when they were back at home in the city, no matter how many hot baths they took, their faces were all crumpled like waste paper. And they were never the same again.

■call out 叫ぶ ■call back 呼び返す ■straw cape みの《わらを編んで作った雨具の一種》 ■feel safe 安心感を得る ■at last ようやく ■on the way 途中で ■no matter how どんなに〜でも

犬たちが走って戻って来ました。そのうしろで誰かが大声で呼びました。「旦那あ、旦那あ」

「ここだ、ここにいる。こっちだよ」2人は叫び返しました。

経験豊かな猟師が森を抜けて2人のところにやって来ました。蓑帽子が風に揺れています。2人の紳士はようやく安心しました。

2人は案内の猟師が持って来た食料を食べました。それから、都会に戻りました。途中で食べるために鶏肉を少し買いました。

でも、都会の家に戻っても、どんなにお湯につかっても、2人の顔は紙屑のようにくしゃくしゃでした。そして二度ともと通りにはなりませんでした。

覚えておきたい英語表現

> **I *haven't eaten* anything all day long!** （p.122, 1行目）
> 1日まったく何も食べてないよ！

【解説】
　haven't eaten は「have + 過去分詞形」で現在完了形を表します。完了形は日本語にはない文法なので、苦手に感じる日本人は多いようです。完了形については巻末により詳しく解説してありますのでそちらをご覧いただくとして、ここでは完了形が表すニュアンスを軽く説明しておきましょう。
　現在完了形は「過去から現在までの間にとった行動」について述べる表現です。I haven't eaten anything all day long! は「何も食べていないという行動を1日続けてきました」という意味になるのです。
　完了形を用いた表現はとても便利で、口語でもよく使われます。「過去から今まで」という気持ちを大事にして例文を覚えてみましょう。

I *have* never *been* to ～.
私は～へ行ったことがありません。
　＊have been to ～「～へ行ったことがある」　never「（決して）～ない」

Have you ever *been* to ～ ?
～へ行ったことがありますか？
　＊ever は「今までに」

Have you *finished* your lunch yet?
もう昼食は食べたのですか？
　＊yet は「もう」「すでに」の意味

Have you ever *heard* of ～ ?
～って知ってますか？
　＊「～のことを聞いたことありますか？」が直訳

I *have lived* in Tokyo since I was born.
生まれて以来ずっと東京に住んでいます。

I *have learned* English for 5 years.
英語を5年間勉強しています。

> *I wish I had* something to eat!（p.122, 5行目）
> 何か食べるものがあったらいいのに！

【解説】
　仮定法をご説明しましょう。二人の若い紳士は何も食べるものを持っていなかったのですが、その事実に反して「ここに食べ物があればなあ」という気持ちを表現しています。このように実際の事実とは異なることを述べて「〜だったら…なのに」という気持ちを表現する文法を仮定法と言います。「If + 動詞の過去形」で表現するのが代表例ですが、ifを用いない場合も多いです。文脈から仮定法か否かを感じ取る必要があります。

　仮定法で現在のことを表現する際には、動詞を過去形にします。ここが難しく感じるポイントですが、これには意味があります。巻末の文法基礎講座（p.221）に書いてありますのでぜひお読みください。

If I *were** you, I *wouldn't* buy it.
もし僕が君ならそれは買いません。
　→実際には「私」は「あなた」ではないので仮定の話
　＊仮定法ではbe動詞はwereを用いる。

If I *had* money, I *could* buy the bag.
もしお金を持っていたらそのバッグを買えるのに。
　→本当はお金がないからバッグを買えない

It *would* be nice.
それだといいだろうね。
　→実際とは異なる状況や事柄、提案を指しているので仮定の話

It's time we *left*.
もう失礼する時間です。
　→まだ立ち去っていないが、時間的には去っていてよい時間

He talks *as if* he *knew* everything.
彼は全てを知っているかのような口ぶりだ。
　→実際には全てを知っているわけではない

The Wild Cat and the Acorns
どんぐりと山猫

One Saturday night, Ichiro received a very strange letter. It said:

September 19

Mr. Ichiro Kaneta:

Pleased to know as how you are. I have a hard case to judge tomorrow. So please come. Please, no bringing guns.

Yours truly,

Wild Cat

■acorn 名 どんぐり ■hard 形 やっかいな ■case 名 訴訟 ■judge 動 審理する ■Yours truly, 敬具、かしこ

どんぐりと山猫

ある土曜日の夜、一郎はおかしな手紙を受け取りました。こんな手紙です。

9月19日

かねた一郎さま

あなたは、ごきげんよろしようで、けっこうです。あした、めんどなさいばんしますから、おいでんなさい。どうか、てっぽうもたないでください。

けいぐ

山ねこ

The Wild Cat and the Acorns

There was nothing else. The writing was terrible. The ink was so thick and wet in places that it got on Ichiro's fingers. But Ichiro was very excited. When no one was looking, he put the letter in his bag to take it to school. He jumped up and down with joy all over the house.

Even as he lay in bed at night, he couldn't stop thinking about Wild Cat. He was so excited that he didn't fall asleep until very late.

When he woke up the next morning, he went outside. The hills, clean and fresh in the morning sun, rose up to the blue sky. Ichiro ate his breakfast quickly. Then he went alone up the path that ran along the river. A strong wind shook the trees. Their nuts fell onto the ground.

■nothing else 他に何もない　■in places ところどころに　■jump up and down 飛び跳ねる　■even as ～にも関わらず　■go up (道などを)進む　■run along 沿う

ほかには何も書かれていません。字は下手くそで、墨もところどころ分厚く、おまけにぬれていましたので、一郎の指につきました。でも一郎はうれしくてたまりませんでした。学校に持って行こうと、誰も見ていない時に手紙をかばんにしまいました。大喜びして家中飛んだり跳ねたりしました。

　夜、ねどこに横になっても、山猫のことをずっと考えていました。うれしすぎて夜遅くまで眠れませんでした。

　次の朝目が覚めると、一郎は外に出ました。山々は朝の光に照らされ清らかでみずみずしく、青い空に向かってそびえていました。一郎は朝ごはんを急いで食べると、川沿いの道を1人で登って行きました。強い風が木々を揺らすと、木の実が地面に落ちました。

The Wild Cat and the Acorns

"Hello, nut trees," Ichiro called. "Did Wild Cat come this way?"

The trees stopped shaking for a moment and replied.

"Wild Cat? Yes, he came through here in a wagon early in the morning. He was going east."

"East? That's where I'm headed! I'll keep going this way and see. Thank you, nut trees!"

But the trees didn't answer. They just kept throwing their nuts on the ground.

Ichiro continued on his way. He soon came across Flute Falls. At Flute Falls, there was a snow-white wall of rock. In the middle of it was a small hole. Clear water ran out of it, making a whistling sound like a flute. Ichiro shouted up at the falls:

■for a moment しばらくの間　■wagon 図荷馬車　■head 動 ~へ向かう　■just keep doing ~するのみである　■continue on one's way そのまま歩き続ける　■come across ~に出くわす　■whistle 動笛を吹く、ぴーぴーと音を鳴らす　■shout up 上へ向かって叫ぶ

「やあ、木の実の木たち」一郎が呼びかけました。「山猫がここを通らなかったかい」

木々はしばらく揺れるのをやめて答えました。

「山猫ですか。ああ通りましたよ。今朝早く馬車に乗って通って行きましたよ。東に向かっていました」

「東？ ぼくが行く方向だ。この道をずっと進んで調べてみるよ。木の実の木たち、ありがとう」

けれども木々は答えませんでした。ひたすら地面に木の実を落としていました。

一郎はどんどん進みました。まもなく笛吹きの滝にやって来ました。笛吹きの滝には真っ白な岩壁があり、その真ん中に小さな穴が開いていました。澄んだ水がそこから流れ出し、笛を鳴らすような音を出しました。一郎は滝に向かって叫びました。

The Wild Cat and the Acorns

"Hello, Flute Falls! Did Wild Cat come this way?"

"Wild Cat?" Flute Falls said in its high, whistle-like voice. "Yes, he hurried by here in a wagon earlier. He was going west."

"West?" asked Ichiro. "That's where my house is. How strange! Well, I'll go a little farther and see. Thank you, Flute Falls."

But Flute Falls did not answer. It was already busy whistling again. So Ichiro continued on. Soon, he came to a tree. Under the tree, a group of white mushrooms were playing together in a mushroom orchestra. *Tiddly-tum-tum, tiddly-ta-ta*. Ichiro got down close to the ground.

■hurry by 急いで通過する　■go and see 確かめに行く　■continue on 進み続ける　■mushroom 图 きのこ　■orchestra 图 オーケストラ　■get down close to 〜近くまで身をかがめる

どんぐりと山猫

　「やあ、笛吹きの滝。山猫がここを通らなかったかい」

　「山猫ですか」笛吹きの滝はぴーぴーと高い声で言いました。「ああ通りましたよ。早くに馬車に乗って急いで行きましたよ。西に向かっていました」
　「西？」一郎が尋ねました。「ぼくの家の方だ。おかしいなあ。それじゃ、もう少し行って調べてみるよ。笛吹きの滝、ありがとう」
　けれども笛吹きの滝は答えませんでした。また、ぴーぴーと音を出すのに忙しかったのです。それで一郎は歩き続けました。まもなく１本の木のところに着きました。木の下では白いきのこたちがきのこ楽団を作って、いっしょに、てぃどぅりーたんたん、てぃどぅりーたーたーと演奏していました。一郎は地面の近くまでしゃがみました。

The Wild Cat and the Acorns

"Hello, Mushrooms," he said. "Did Wild Cat come this way?"

"Wild cat? Yes, he came by here in a wagon early this morning. He was going south."

"How strange," said Ichiro again. "South heads to those mountains there. Well, I guess I'll go a bit farther and see. Thank you, Mushrooms."

But the mushrooms didn't answer. They were already busy again, playing their strange music. *Tiddly-tum-tum, tiddly-ta-ta.*

Ichiro kept walking, and soon he noticed a squirrel jumping between trees.

"Hello, Squirrel!" called Ichiro. "Did you see Wild Cat come this way?"

■come by 通過する　■head to ～へ向かう　■I guess I will ～しようと思う
■squirrel 图 りす

「やあ、きのこたち」一郎が言いました。「山猫がここを通らなかったかい」

　「山猫ですか。ああ通りましたよ。今朝早く馬車に乗ってここを通りましたよ。南に向かっていました」

　「おかしいなあ」一郎はまた言いました。「南ならあっちの山の方だ。それじゃ、もう少し行って調べてみるよ。きのこたち、ありがとう」

　けれどもきのこたちは答えませんでした。また、てぃどぅりーたんたん、てぃどぅりーたーたーと、奇妙な音楽を演奏するのに忙しかったのです。

　一郎は歩き続けました。まもなく1匹のりすが木々のあいだを飛び回っているのが見えました。

　「やあ、りす」一郎が呼びかけました。「山猫がここを通るのを見なかったかい」

The Wild Cat and the Acorns

"Wild Cat?" said the squirrel. He held his hand over his eyes to block the sun. "Yes, he went past here in a great hurry when it was still dark this morning. He was in a wagon going south."

"South?" said Ichiro. "That's the second time I've been told that. Well, I'll go a little farther and see. Thank you, Squirrel."

But the squirrel had already left. He jumped between the trees until all Ichiro could see were moving leaves at the top of the tree.

Ichiro continued walking. The path that ran along the river became smaller. Then, farther on, it disappeared. But Ichiro saw another path that led toward the dark forest south of the river. Ichiro headed down this path.

■hold a hand over one's eyes 手を目にかざす ■go past 通り過ぎる ■in a hurry 急いで ■all someone can do (人に)〜できる全て ■farther on もっと奥 ■lead toward 〜のほうへ通じる ■head down 〜を通って進む

「山猫ですか」りすが言いました。手を目にかざしてお日様があたらないようにしています。「ああ通りましたよ。今朝まだ暗いうちにものすごく急いで通りすぎましたよ。馬車に乗って南に向かっていました」

「南？」一郎が言いました。「そう言われるのは2回目だな。それじゃ、もう少し行って調べてみるよ。りす、ありがとう」

けれどもりすはもういませんでした。木々のあいだを飛び回り、一郎に見えるのは木の上で揺れている木の葉だけになりました。

一郎は歩き続けました。川沿いの道はだんだん細くなってきました。それから少し行くと消えてしまいました。でも一郎には新しい道が川の南にある暗い森にのびているのが見えました。一郎はその道を進みました。

The Wild Cat and the Acorns

As he walked, the trees came so close together that he could not see the sky above. The path began to climb a hill. Up and up it went. Ichiro's face turned bright red. He was getting very tired. But then, suddenly, he came out into the light. He had arrived at a beautiful field. The grass moved in the wind. All around the field stood fine, tall trees.

There, in the middle of the field, stood a very strange little man. He was watching Ichiro. Slowly, Ichiro walked nearer, but he stopped in surprise. The little man had one white eye that he could not see out of. The white eye rolled around and around, always moving. He wore a kind of worker's coat that Ichiro had never seen before. But the strangest thing of all was that his feet were shaped like spades.

■turn bright red 顔を真っ赤にする　■get tired 疲れる　■come out into light 明るいところへ出る　■all around ～のあたり一面に　■in surprise おどろいて　■roll around ぐるぐる回る　■wore 動wear（着ている）の過去　■spade 図鋤《シャベルに似た農具》

歩いていると、木々が重なり合ってその上の青空がまったく見えなくなりました。道は山を登り始めました。どんどん上に続きます。一郎の顔が真っ赤になりました。とてもくたびれてきました。ところがその時、突然明るいところに出ました。美しい野原に着いたのです。草が風にそよいでいます。野原をぐるっと囲むように立派な高い木々が立っていました。

　野原の真ん中にとても奇妙な小さな男が立っていました。一郎を見つめています。一郎はゆっくりと近づきましたが、ぎょっとして立ち止まりました。その小さな男は片方の目が見えず、その目は白い色をしていました。白い目はぐるぐるといつも動いていました。一郎が見たことがないような作業着のような上着を着ています。でも何より奇妙なのは両足が鋤(すき)のような形をしていたことでした。

The Wild Cat and the Acorns

"Excuse me," said Ichiro, "but would you happen to know Wild Cat?"

The little man looked at Ichiro with his one good eye. His mouth turned up into a smile.

"Mr. Wild Cat will be back soon," he said. "I guess you must be Ichiro?"

"That's right," said Ichiro, very surprised. "How did you know?"

The strange little man's smile grew bigger.

"Then you received the letter?"

"Yes. That's why I came here," said Ichiro.

"The letter wasn't well written, was it?" said the strange little man sadly. He looked so sad that Ichiro felt sorry for him.

"No," Ichiro said. "It seemed very good to me."

■would you happen to もしや〜ということはありませんか　■turn up 持ち上がる　■grow bigger 増大する　■so 〜 that… あまりに〜なので…　■feel sorry for 〜を気の毒に思う

「すみませんが」一郎が言いました。「山猫を知りませんか」

小さな男は見える方の目で一郎を見つめると、口を曲げてにやっと笑いました。

「山猫様はもうすぐ戻って来なさるよ」男が言いました。「おまえは一郎さんだな」

「そうです」一郎はびっくりして答えました。「どうして知っているのですか」

奇妙な小さな男はますますにやにやしました。

「それなら手紙を受け取っただろ」

「はい。それでここに来たのです」一郎が言いました。

「文章が下手くそだっただろ」奇妙な小さな男が悲しそうに言いました。あまりに悲しそうなので一郎は気の毒になりました。

「そんなことはありません」一郎が言いました。「ぼくにはとても上手に見えましたよ」

The Wild Cat and the Acorns

"What did you think of the handwriting?"

Ichiro couldn't help but smile.

"I thought it was fine. I don't think even a fifth-grader could have written that well."

Suddenly the little man looked sad again.

"By 'fifth-grader,' you probably mean somebody at primary school," he said.

"Oh, no!" said Ichiro. "I mean at university."

The strange little man cheered up. He smiled his biggest smile yet so that his mouth seemed too big for his face.

"*I* wrote that letter!" he shouted happily.

"And who are you?" asked Ichiro.

"I am Mr. Wild Cat's driver!" he answered.

■handwriting 名筆跡　■can't help but do 〜せずにいられない　■could have p.p. 〜したかもしれない　■cheer up 元気づく　■yet 副その上　■so that そのため　■driver 名(馬車の)御者

「あの字をどう思ったかね」

一郎はにっこり笑わずにはいられませんでした。

「上手だと思いますよ。5年生でもあんなにうまく書けませんよ」

いきなり小さな男はまた悲しそうな顔をしました。

「5年生って言うのは、たぶん小学生のことだな」男が言いました。

「いえ、ちがいますよ」一郎が言いました。「大学の5年生のことです」

奇妙な小さな男は元気になりました。満面の笑みを浮かべたので、顔中が口のようになりました。

「わしがあの手紙を書いたのじゃ」男はうれしそうに叫びました。

「ところであなたはどなたですか」一郎が尋ねました。

「わしは山猫様の馬方じゃ」男が答えました。

The Wild Cat and the Acorns

Suddenly, a strong wind blew across the field. The driver gave a deep bow to someone. Surprised, Ichiro turned around and he saw Wild Cat standing behind him.

Wild Cat wore a fine yellow coat. He had a round belly and his two green eyes were perfect circles. He looked at Ichiro as he gave a little bow.

"Good morning," said Ichiro. He bowed in return. "Thank you for your letter."

"Good morning," said Wild Cat. He pulled at his whiskers. "I'm happy to see you. You see, a very difficult case came up the day before yesterday. It's giving me lots of trouble. I don't know what to do about it, so I thought I should ask you. Please, make yourself comfortable. The acorns should be here soon. You know, this trial gives me trouble every year."

■blow across（風が）吹きわたる　■give a bow　おじぎをする　■turn around　後ろを向く　■belly 图 腹　■in return　返礼として　■whisker 图（猫などの）ひげ　■come up（問題などが）生じる　■make oneself comfortable くつろぐ

にわかに、強い風が野原に吹きつけました。馬方は誰かに向かって深くおじぎをしました。びっくりして一郎が振り返ると、山猫がうしろに立っていました。

　山猫は立派な黄色い上着を着ていました。お腹が丸くふくらみ、緑色の２つの目は真ん丸でした。一郎を見ると軽くおじぎをしました。
「おはようございます」一郎が言って、お返しにおじぎをしました。「お手紙をありがとうございました」
「おはようございます」山猫が言って、ひげを引っぱりました。「お目にかかれて光栄です。実は、おとといからめんどうな問題が持ち上がりましてね。たいへん困っております。どうしてよいかわかりませんので、あなたにお伺いしようと思ったのです。どうか楽にしてください。まもなくどんぐりどもがまいります。実は、この裁判で毎年苦労しております」

The Wild Cat and the Acorns

He took a cigarette case out from his yellow coat.

"Would you like one?" he asked, offering Ichiro a cigarette.

Ichiro shook his head in surprise.

"No, thank you," he said.

"Oh! That's right. You're still too young," said Wild Cat. He laughed a wise little laugh. Then he lit a match and began to smoke. His driver was standing by and waiting for orders. He seemed to want a cigarette very badly, because big tears were rolling down his face.

■take ~ out from… …から〜を取り出す　■would you like 〜はいかがですか　■lit 動light（火をつける）の過去　■stand by そばに立つ　■very badly ものすごく

山猫は黄色い上着から巻きたばこの箱を取り出しました。
「一服いかがですかな」山猫は尋ねて、一郎に巻きたばこをすすめました。
　一郎はびっくりして首を横に振りました。
「いえ、けっこうです」と答えました。
「ああ、そうですな。まだお若いから」山猫が言って、わけ知り顔で少し笑いました。それからマッチでたばこに火をつけてすい始めました。馬方はそばに立って命令を待っていました。とてもたばこがほしそうで、その証拠に涙をぼろぼろとこぼしていました。

The Wild Cat and the Acorns

Just then, Ichiro heard noises at his feet. It was a crackling kind of sound, like salt being thrown onto a fire. He looked down and saw little, round, gold things all over the ground. When he looked closer, he saw that they were acorns. There must have been more than three hundred of them. They all wore red pants and they were all shouting at each other in their little voices.

■at one's feet 足元で　■crackle 動パチパチ音を立てる　■see that 〜ということがわかる

どんぐりと山猫

　ちょうどその時、一郎の足もとで音がしました。何かがはじけるような音で、まるで塩を火の中に投げたようでした。下を見ると小さな丸い金色のものが地面一面におりました。近づいてよく見ると、それはどんぐりでした。全部で300以上でしょう。みんな赤いずぼんをはいて、小さな声でお互いに叫び合っています。

The Wild Cat and the Acorns

"Here they come," said Wild Cat. He threw away his cigarette. In a bit of a hurry, he gave orders to the driver. "You!" he said. "Ring the bell! And cut the grass here, where it's sunny."

The driver did as he was told. He picked up his knife and cut down the grass in front of Wild Cat. The acorns all came running into the area with the cut grass. They were all still talking and shouting at each other.

Then the driver rang the bell. *Clang, clang!* The bell sounded through the woods. Suddenly, the acorns became quiet. Ichiro noticed that Wild Cat had put on a long black robe. He was now sitting in front of them, looking very important. Ichiro was reminded of a picture he had seen of people all gathered before a large Buddha statue.

■here ~ comes ほら〜が来ました　■give a order to 〜に命令する　■ring 動（ベルなどを）鳴らす　■cut down 切り倒す　■woods 名森　■put on 着る　■Buddha statue 仏像

「やれ、来よったわい」山猫が言い、たばこを投げ捨てました。ちょっと急いで馬方に命令しました。「おい」山猫が言いました。「ベルを鳴らせ。日当たりがいいから、そこの草を刈れ」

　馬方は言われた通りやりました。ナイフを取り出すと、山猫の前の草を刈りました。どんぐりたちはみな草を刈った場所に走って来ました。まだみんなしゃべってお互いに叫び合っています。

　その時、馬方がベルをがらんがらんと鳴らしました。ベルの音は森中に響きわたりました。突然どんぐりたちはしいんとなりました。一郎は山猫が長く黒い礼服を着たことに気づきました。どんぐりたちの前にすわり、とても偉く見えます。一郎は人々がみんな巨大な仏像の前に集まっている絵を思い出しました。

The Wild Cat and the Acorns

"I'd like to remind you," said Wild Cat, "that this is the third day that this case has been going on. Now, why don't you all stop fighting and make up with each other?"

Wild Cat seemed a little nervous but he did a good job making himself sound important. But as soon as he was done speaking, the acorns started talking again.

"No! It's impossible! Whatever you may say, the best acorn is the one with the most pointed head. And I've got the most pointed head."

"No, you're wrong. The roundest acorn is best. I'm the roundest!"

"No, you're both wrong! It's size! The biggest acorn is best. I'm the biggest, so I'm the best!"

■go on 継続する ■why don't you 〜してはどうですか ■make up with 〜と仲直りする ■do a good job いい仕事ぶりである ■make oneself sound 自分が〜のような言い方をする ■as soon as 〜するとすぐに ■whatever 〜 may say 〜が何と言おうと ■pointed 形先の尖った

「おまえたちに言っておくが」山猫が言いました。「この問題を扱って3日目になるのじゃ。もういいかげん争うのをやめてお互いに仲直りしてはどうじゃ」

山猫は少し心配そうに見えましたが、うまく自分を偉く見せていました。ところが話を終えたとたん、どんぐりたちが再びしゃべり出しました。

「いいえ、無理です。何とおっしゃろうとも、一番偉いどんぐりは最も頭が尖ったものです。ほら、わたしの頭が最も尖っています」
「いいえ、ちがいます。最も丸いどんぐりが偉いのです。最も丸いのはわたしです」
「いやどちらもちがいます。大きいことです。偉いのは最も大きなどんぐりです。わたしが最も大きいからわたしが偉いのです」

The Wild Cat and the Acorns

"That's wrong too! It's the one who's tallest. I'm the tallest, I tell you!"

"No, it's the one who's best at pushing and pulling! That's me!"

The acorns were talking all at the same time and making such a lot of noise that you had no idea what it was all about.

"That's enough!" yelled Wild Cat. "Where do you think you are? Quiet! Quiet!"

The acorns quieted down again.

"I'm going to remind you again. This is the third day this trial has been going on," said Wild Cat. He pulled at his whiskers until they stood out straight to the side. "Why don't you stop fighting and make up with each other?"

"No, we can't, because the one with the most pointed head is the best!"

■best at 〜が一番得意である　■all at the same time すべていっせいに　■have no idea 全くわからない　■all about 〜に関するすべて　■yell 動どなる　■quiet down 静かにする　■stand out 突き出る

「それもちがうよ。最も背が高いものだよ。最も背が高いのはわたしです。本当だよ」

「いや、押したり引いたりするのが最も上手なものです。わたしのことです」

どんぐりたちはいっせいにしゃべり、あんまりうるさく音を立てるものですから、何が何だかさっぱりわからなくなりました。

「もう十分だ」山猫が叫びました。「ここを何と心得る。しずまれ、しずまれ」

どんぐりたちは再びしいんとなりました。

「もう一度言っておくが、この裁判が始まって３日目になる」山猫が言いました。ひげを横にまっすぐに伸びるまで引っぱりました。「いいかげん争うのをやめてお互いに仲直りしてはどうじゃ」

「いいえ、できません。だって最も頭が尖ったものが偉いからです」

"No, the roundest is the best!"

"No, you're wrong! It's the biggest!"

They all began talking again until you had no idea what it was all about.

"That's enough! Where do you think you are?" cried out Wild Cat. "Quiet! Quiet!"

Wild Cat pulled at his whiskers, then started again.

"I should not have to remind you that this is the third day this case has been going on. Why don't you stop fighting and be friends again?"

"No, no! Impossible! The one with the most pointed head…"

The acorns began talking and shouting again.

"That's enough!" yelled Wild Cat. "Where do you think you are? Quiet! Quiet!"

■cry out 叫ぶ　■pull at 〜を引っぱる

「いいえ、最も丸いものが偉いのです」
「いや、ちがう。最も大きいものだよ」
みんなは再びしゃべり出し、何が何だかさっぱりわからなくなりました。
「もう十分だ。ここを何と心得る」山猫が叫びました。「しずまれ、しずまれ」
山猫はひげを引っぱると、再び話し始めました。

「言うまでもないが、この問題を扱って3日目になるのじゃ。争うのをやめてまた仲よくしたらどうじゃ」

「いいえ、無理です。最も頭が尖ったものが……」

どんぐりたちは再びしゃべり叫び始めました。
「もう十分だ」山猫が叫びました。「ここを何と心得る。しずまれ、しずまれ」

The Wild Cat and the Acorns

"You see the problem?" said Wild Cat to Ichiro quietly. "What should I do?"

Ichiro smiled.

"Here's an idea," he said. "Why don't you tell them the best one is the one who is the most stupid and the most good-for-nothing? I heard a preacher say that once."

Wild Cat agreed to give it a try. He spoke to the acorns in his most important voice.

"Be quiet!" he yelled. "Listen closely. This is my answer to you. The best acorn is the one who is the least important, the most stupid, and the most good-for-nothing!"

The acorns were so quiet you could hear a pin drop.

Wild Cat took off his black robe. He wiped his head and shook Ichiro's hand.

■here is an idea 考えがあります　■good-for-nothing 役立たずな
■preacher 説教師　■give it a try 試しにやってみる　■listen closely しっかりと聞く　■so quiet you could hear a pin drop ピンが落ちるのが聞こえるほど静かだ　■take off 脱ぐ　■wipe ぬぐう

「おわかりになったでしょう？」山猫がそっと一郎に言いました。「どうしたらいいでしょう」

一郎はにっこり笑いました。

「いい考えがあります」一郎が言いました。「一番偉いどんぐりは最も愚かで、最も役に立たないものだとみんなに言えばいいでしょう。前にそんなお説教をききました」

山猫は試してみることにしました。最も威厳のある声でどんぐりたちに話しかけました。

「しずまれ」山猫が叫びました。「しっかりときくのじゃ。おまえたちに答えを言うからな。一番偉いどんぐりとは最もつまらなくて、最も愚かで、最も役に立たないものじゃ」

どんぐりたちはしいんとなりましたので、ピンが落ちる音さえきこえるほどでした。

山猫は黒い礼服をぬぎました。額の汗をふくと一郎と握手しました。

"Thank you very much," Wild Cat said to Ichiro. "You have helped me very much! You ended this difficult case in just a little more than a minute! I hope you will come back as a special judge in my court again. If I send you more letters in the future, you will come, won't you? I'll make sure you are paid every time."

"Yes, of course I'll come. But you don't have to pay me," said Ichiro.

"Oh, but you must take some payment," said Wild Cat. "It's a matter of honor for me. And, from now on, we shall write our letters to 'Ichiro Kaneta, Esquire.' And we shall call this 'the court.' Will that be all right?"

"That would be fine," said Ichiro.

■little more than 〜そこそこ ■judge 名判事 ■court 名裁判所 ■make sure 必ず〜する ■payment 名報酬 ■matter of honor 名誉にかかわる問題 ■from now on 今後は ■esquire 名 〜殿、〜様

「ありがとうございます」山猫が一郎に言いました。「本当に助かりました。むずかしい問題をほんの1分あまりで解決してくださいました。特別判事としてわたしの裁判所にまた来てください。これからも手紙を送りましたら、来てくださいますね。毎回必ずお礼をするようにいたします」

「はい、もちろんまいります。でも、お礼をいただくことはありません」一郎が言いました。

「おや、それでもいくらかお礼を受け取っていただかなければ」山猫が言いました。「わたしの名誉の問題ですから。それにこれからは手紙に『かねた一郎どの』と書き、ここを裁判所と呼びますがそれでよろしいですか」

「それでかまいません」一郎が答えました。

The Wild Cat and the Acorns

For a moment, Wild Cat was quiet. He pulled at his whiskers as if he were deep in thought. Then, he seemed to make up his mind to say something. He said, "About the wording on the letter—should we write, 'Because of very special business, we kindly ask for your presence at court.'"

Ichiro smiled again.

"Somehow, it sounds a bit funny to me. Maybe you'd better leave that part out."

Wild Cat looked sadly at the ground. He pulled at his whiskers as though he wished he had come up with better words. At last, he said, "Well then, we'll leave it as it is. Now, for your payment today. Would you rather have a pint of gold acorns or a salted fish head?"

"The acorns, please," said Ichiro.

■as if まるで~のように　■deep in thought じっと考え込んで　■make up one's mind 決心する　■wording 图文言　■kindly ask for ~をよろしくお願いします　■presence 图出席　■leave ~ out ~を削除する　■as though まるで~するかのように　■come up with ~を思いつく　■pint 图パイント《容量の単位。およそ半リットル》

しばらく山猫は何も言いませんでした。まるで深く考えごとをしているように、ひげを引っぱりました。それから、あることを言おうと心を決めたようです。山猫が言いました。「手紙の文句ですが——『特別な用事につき、裁判所に出頭されたし』と書いてよろしいですか」

一郎はまたにっこり笑いました。
「どうもぼくには少しおかしくきこえます。そこの部分は取った方がいいと思います」
山猫はがっかりしたように地面を見ました。もっとよい文句を思いつかないかと願うように、ひげを引っぱりました。ようやく口を開いて言いました。「それでは、このままにしておきます。さて本日のお礼ですが、半リットルの黄金のどんぐりか、塩漬けの魚の頭のどちらがよろしいですか」

「どんぐりをお願いします」一郎が言いました。

The Wild Cat and the Acorns

Wild Cat turned to the driver. He seemed glad that Ichiro hadn't chosen the fish head. "Get a pint of gold acorns," he said. "And be quick!"

The driver picked up the acorns from the ground and put them into a square box. When he had filled up the box, he shouted, "One pint of acorns!"

"Right!" said Wild Cat. "Now hurry and get the wagon ready."

Suddenly, a wagon made out of a great white mushroom stood in front of them. Pulling it was a very strange gray horse. In fact, it looked just like a mouse.

"Now we'll take you home," Wild Cat said to Ichiro.

■put ~ into ～を…に詰める ■square 形 正方形の ■fill up ぎっしり詰める
■get ~ ready ～の用意をする ■made out of ～でできている ■take ~ home ～を家まで送り届ける

山猫は馬方の方を向きました。一郎が魚の頭を選ばなくてほっとしたように見えます。「黄金のどんぐりを半リットル集めなさい」山猫が命じました。「大急ぎでな」
　馬方は地面からどんぐりを拾い、四角い箱に詰めました。箱が一杯になると馬方が叫びました。「半リットルのどんぐりです」

　「よろしい」山猫が言いました。「さて、急いで馬車の用意をしなさい」
　突然、大きな白いきのこでできた馬車がみんなの前に現れました。馬車を引くのは1匹の奇妙なねずみ色の馬です。馬というより、ねずみのように見えました。

　「さて、お家まで送りましょう」山猫が一郎に言いました。

The Wild Cat and the Acorns

When they got into the wagon, the driver put the box of acorns in next to them. Then they took off down the road. They left the field far behind them. The trees moved out of their way. Ichiro looked at his gold acorns. Wild Cat looked somewhere far away.

But, as the wagon moved, the acorns lost their gold color. Soon, the wagon stopped in front of Ichiro's house. Wild Cat, the driver, and the mushroom wagon all disappeared into thin air. Ichiro was left standing in front of his home. And the box in his hand held just plain, brown acorns.

From then on, Ichiro did not receive any more letters signed, "Yours truly, Wild Cat." Ichiro still thinks about it from time to time. Maybe he should have let Wild Cat write "we kindly ask for your presence at court" after all?

■take off 出発する　■down a road 道なりに　■move out of someone's way (人の)通り道からどく　■into thin air 跡形もなく(消える)　■from then on それ以後　■from time to time 時々　■after all 結局はやはり

山猫と一郎が馬車に乗ると、馬方はどんぐりの箱を2人の横に置きました。それから馬車は出発して道なりに進みました。野原がはるかうしろに遠ざかります。木々がぐらぐらと揺れて馬車をよけました。一郎は黄金のどんぐりを見つめました。山猫はどこか遠くを眺めています。

　ところが、馬車が進むにつれてどんぐりの黄金の輝きが失われました。まもなく馬車は一郎の家の前に止まりました。山猫と馬方、それにきのこの馬車はみな跡形もなく消えてしまいました。一郎は1人で家の前に立っていました。おまけに、手に持っていた箱には普通の茶色いどんぐりが入っているだけでした。

　それ以後、一郎は「けいぐ　山ねこ」と署名された手紙を1通も受け取っていません。一郎は今でも時々、手紙のことを考えます。やはり山猫に「裁判所に出頭されたし」と書かせてあげたほうがよかったのではと思うのです。

覚えておきたい英語表現

> I *have* a hard case to judge tomorrow. （p.162, 5行目）
> 明日、審判を下すのが面倒な裁判があるのです。

【解説】

「〜がある」というと「There is 〜」と言いたくなる方も多いのではないでしょうか？ ネイティブはこのような場合 have をよく使います。

I *have* a brother.　　私は兄(弟)が一人います。

He *has* blue eyes.　　彼の目は青い。

I *have* a dog.　　私は犬を1匹飼っています。

I *have* a cold.　　私は風邪を引いています。

I don't *have* enough time to talk with you.
　　　　　　　あなたとゆっくりお話しする時間がありません。

英語学習の初期に習う have は「〜を持つ」という意味で、多くの日本人にとってポピュラーな単語で改めて学ぶほどのこともないと感じているのではないでしょうか。しかし、have のように私たちが中学校で学んだような簡単な動詞ほど、非常に多くの意味や使い方を持っています。ここでは have を使った便利な表現をご紹介しましょう。

This house *has* four rooms.　　この家には部屋が4つある。

This car *has* nice seats.　　この車のシートはいい。

＊ house や car などの無生物主語と have の組み合わせは日本人が苦手とするところです。慣れるととても便利ですからぜひ使ってください。

Do you *have* a room tonight?　　今夜、一部屋空いていますか？

Do you *have* a larger one? もう少し大きめのやつありますか？

＊ホテルやお店などで「〜を置いてますか?/売っていますか?」という時もhaveが使えます。

I *had* breakfast with my wife.
　　　　　　　　　　　妻と一緒に食事をとりました。

＊「飲食する」の意味として使います。drinkやeatは口に入れる行為を連想させる直接的な表現なので、haveを用いた方が上品な印象を与えます。

haveは元々の意味が「持つ」ですが、「手の中に持っている」だけでなく「自分の周囲に持っている」という語感を持っています。以下にご紹介した表現をよく見てみるとその語感を感じていただけることでしょう。ぜひhaveを使いこなしてください。

I *had* a good time!　　　楽しかった！

I *have* a train to catch.　電車に乗らなければいけない。

We *had* a lot of rain last summer.
　　　　　　　　　　　昨年の夏は雨が多かった。

We will *have* a party next Friday.
　　　　　　　　　　　次の金曜日にパーティを開く予定だ。

Thank you for *having* me today.
　　　　　　　　　　　今日はお招きいただきありがとうございます。

Did you *have* a good sleep last night?
　　　　　　　　　　　昨夜はよく眠れましたか？

May I *have* a copy of this map?
　　　　　　　　　　　この地図のコピーをもらえますか？

文法基礎講座

英文の4つの大前提
これを覚えたら英文法の学習が楽になる！

1. 語順感覚を身につけよう

　これから英文法を理解し身につけたいという方は、まず「語順感覚」を養うとよいでしょう。文法とは文字どおり「文の法則」ですが、つまるところ「英単語の並べ方」のことです。この「語順感覚」を、英文法の幹として身につけておけば、文法事項全般の理解が容易になります。

❑ **英語と日本語の語順の違い**

　英語が難しいと感じるのは、日本語と「語順」が異なるからです。日本語では、

　　　主語　　目的語　　述語(動詞)
　　　私は　彼女を　愛しています。

のように、「誰が / 何を / どうする」の順番で並べます。英語では、

　　　主語　動詞　目的語
　　　 I　love　you.

です。英語では「誰が / どうする / 何を」の順番です。この「順番が異なる」ということをまずは確認しましょう。

　さて、日本語では「誰が / 何を / どうする」が基本の形ですが、実は「彼女を愛しています、私は」とか「私は愛しています、彼女を」と順番を入れ替えても通じます。日本語は語順のルールがある程度柔軟なのです。語順を入れ替えても通じる理由は、日本語には「助詞」があるからです。以下の例を見てください。

　(1)　私を彼女は愛しています。
　(2)　私は彼女を愛しています。

　(1)と(2)では、主語・述語・目的語の並びは同じですが、「誰が誰を」愛しているかが明確に異なります。これは「は」と「を」などの助詞が機能しているためです。しかし英語にはこの「助詞」はありません。日本語に例えると次のような文章になるのが英語なのです。

　　　私　彼女　愛している

　このように、助詞がないと「誰が誰をどうする」がはっきりしません。そのため、誤解なく情報を伝えるために英語では「語順（文法）」が大きな役割を果たします。

日本語は語順の自由度が高いがゆえに、普段の生活で語順に注意をあまり払いません。その代わりに「助詞」に注意を払うのです。
　英語を使ったり学んだりする際にはこの「日本語脳」を「英語脳」に切り替える必要があります。英語は「語順」で言いたいことを伝える言語です。

❏ 英語の語順とは

では肝心の、英語の語順は何が基本かと言いますと…

```
  主語      動詞      目的語/補語
  誰が     何する    何を（何に）
  1番目    2番目     3番目
```

　簡単でしょう？　英語の語順感覚を養うのは難しいことではありません。「誰が / 何する / 何を（何に）」の語順を頭に染み込ませてください。全ての英文はこの原則にしたがって表現され、他の文法事項はこの原則を補完するものなのです。
　この3つの順番を意識するだけで、文法学習のストレスが軽減します。「誰が / 何する / 何を（何に）」に基づいて英文を処理することに慣れてください。

　拍子抜けするほど簡単なルールです。しかし、日本人にとってはこれがなかなか難しいのです。次の日本語を英語にしてみてください。

　　（1）　昨日駅に行った。
　　（2）　君を駅で見たよ。

　この問題を難しく感じた方はまだ「日本語脳」から「英語脳」への切り替えがスムーズでないかもしれません。さて何がひっかかるのでしょう？

❏ 主語が何かを意識する

　英語脳への切り替えを妨げるもう一つの日本語の特徴が、「主語を省いても通じる」ということです。(1)も(2)も、動作を行った人（主語）は「私」です。日本語には書かれていなくとも、英語で表現するなら私（＝I）をしっかりと英文の中に入れなければいけません。

```
           誰が  何した    どこへ(場所)    いつ(時間)
    (1)     I    went      to the station  yesterday.

           誰が  何した  何を   どこで(場所)
    (2)     I    saw     you    at the station.
```

特に(2)は「君」が最初に来ているため"You～"で文を始めたくなる人も多いかもしれません。「日本語をそのまま英語に訳そう」と思うと主語を忘れがちです。ちなみに「場所」「時間」などの補足説明は文の最後に付け足していくのが基本です。
次の例はどうでしょう？

 (3) 野菜を摂るべきだ。

このような出題をすると「Vegetable should～」と、vegetableを主語にする例を見かけます（全くダメなわけではないですが、不自然な表現になります）。
　ここで「誰が／何する／何を」の語順を思い出しましょう。明示されてはいませんが、聞き手に対して「～すべきだ」と言っていますから「誰が」は「あなた（You）」、「何する」は「摂る」ですが、「摂る」は難しいので「食べる（eat）」を使います（知らない単語は知っている単語で置き換えることも大切なスキルです）。「何を」は「野菜（vegetable）」です。つまりこの文のベースとなる文は

 You eat vegetables.

となります。これに「～すべき」を意味する助動詞 should を付け足して、

 (3) You should eat vegetables.

英語には、助動詞・進行形・受動態などの様々な文法項目がありますが、どれも「誰が／何する／何を」を補完して表現を豊かにするためのものです。この英文法の「幹」をしっかりと鍛えておけば、今後の文法学習が容易になります。

❏ 語順感覚を鍛える練習問題

では次の練習問題で「語順感覚」を鍛えてみましょう！
 (1) 私は会社員です。
 (2) あなたは素敵です。
 (3) これはいいですね。
 (4) 質問があります。
 (5) この色が好きです。

〈答え〉(1) I am an office worker.
   (2) You are great.（wonderful などでも可）

(3) This is nice.
(4) I have a question.
(5) I like this color.

　スムーズに英語が出てきましたか？「誰が / 何する / 何を」の幹をしっかりと鍛えるには、

　① 主語は何にすべきか？
　② 動詞は何を使うべきか？

の判断を適切に行えるようになることです。「語順」を意識して、たくさんの英語に触れ、トレーニングしてください！

2. Itで始まる文

　Itで始まる文はとても多いです。itをマスターすると英語を読みやすくなります。

❏ it といえば「それ」

まずは代表的な「それ」の意味からいきましょう。

　　"Whose bag is this?"　　　「これは誰のバッグですか？」
　　"It's mine."　　　　　　　「(それは) 私のものです」

　　"How was the game?"　　　「試合はどうでしたか？」
　　"It was really exciting."　「本当にワクワクしたよ」

　　"I like it."　　　　　　　「私はそれが好きです」

　it は一度話題に出たものを指す代名詞です。聞き手も「ああ、アレね」と分かるイメージです。

❏ 天候や時間を表す it

次は天候や時間、距離など実態のないものを表す時に主語として使われる例です。

"It is cold today."　　　　　「今日は寒いですね」(It = 天候・気温)

"It rains."　　　　　　　　　「雨が降っています」(It = 天気)

"It's three o'clock."　　　　　「3 時です」(It = 時間)

"It's Monday tomorrow."　　「明日は月曜日です」(It = 曜日)

"It's 10km from here to the station."
　　　　　　　　　　　　　「ここからその駅まで 10km ある」(It = 距離)

❏ 〈It is ～ to…〉の構文

　　　It is fun to study English.　「英語を学習することは楽しい」

「英語を学習する」は "study English" です。「～すること」は "to ～（不定詞)" で表現できますから、"To study English is fun." でも良いのですが、to 以下を後ろにおいています。英語では主語が長くなることを避ける傾向にあるため、形だけの主語（形式主語）として It をあてて、to 以下を指す構造になっています。

　　　It is fun (楽しいです) / to study English (英語を勉強することは).

先に「英語と日本語は語順が違う」ことを説明しました。ここでも同じことが言えます。「楽しい」とまず最初に結論を述べます。そして、「英語を学習することは」と、その楽しい具体的な内容を述べます。この表現方法に慣れると、意見を述べる時も他者の意見を聞く時もとても便利です。

　　(1)　面白いです、野球の試合を見ることは。
　　(2)　簡単ですよ、英語で話すことは。

　　(1)　It is fun to watch baseball games.
　　(2)　It is easy to speak in English. (in English で「英語で」の意味)

それでは次の例はどうでしょう？

(3) テニスをすることは難しい。

いかがですか？(3)のような文章の場合、さっと英語脳に切り替えて「難しいよね、テニスをするのって」と語順を変換することが必要です。

(3) It is difficult to play tennis.

これを意識せずにできるようになるためには、日頃から自分の言いたいことを英語で言ったり、書いたりする練習が有効です。
本文からも例文を紹介しましょう。

It's not right *for* everyone in the Venus Orchestra *to* be held back by one man.（p.18 3行目「Gorsch the Cellist」より）
「金星音楽団の皆にとって、たった一人のために練習が進まないということはよくないことだ」

大変よく使われる構文で、It is A for B to C で「B が C することは A だ」という意味になります。It は to 以下を指します。このような長い文も「よくないよね、みんなにとって、引き止められることは、たった一人のために」と、語順通りに理解することを心がけると英語の処理能力が早くなります。

❑ 〈It is 〜 that…〉の構文
基本的な考え方は It is 〜 to…と同じなのですが、It is 〜 that…の that 以下は「that 節」といって主語と動詞から始まる「文」を置きます。

　　　　　　　　　　主語　動詞
It is great that you visit us.
「あなたが私たちを訪問してくださって素晴らしいです」

この構文も It は that 以下を指す形だけの主語です。「素晴らしいです、あなたが私たちを訪問してくださって」の語順感覚をしっかり意識しましょう。

It is strange that he did such a thing.（不思議だ、彼がそんなことをしたなんて）
「彼がそんなことをしたなんて不思議だ」

It is important that you know this.（重要です、あなたがそれを知っておくことは）
「あなたがそれを知っておくことは重要です」

3. 時制と完了形

英語では「いつのことなのか」をはっきりさせるために「動詞」を変化させます。この規則のことを「時制」と言います。英語を使う上で避けては通れない知識です。

❏ 現在形（現在進行形）

現在形は現在の行動、様子、出来事を述べる表現です。

  I like reading books.　　　「私は読書が好きです」
  I am a doctor.　　　　　　「私は医者です」

よく "I am like an apple." といった、「be 動詞」と「一般動詞」を一緒に用いる間違いを見ます。英語では動詞を二つ並べて使うことはできません。これは be 動詞を「〜です」という意味で覚えてしまっていることが原因です。be 動詞は「〜です」と覚えるよりも「＝（イコール）」だと覚えるとよいでしょう。

  I am a student. (I = a student)　　「私は学生です」
  You are nice. (You = nice)　　　　「あなたは素敵です」

疑問文でも同じです。

  Is he a teacher?（he = teacher なの？）「彼は先生ですか？」
  Are you OK?（you = OK なの？）　　「君、大丈夫？」

be 動詞の用法には「＝（イコール）」の他に、「存在する」の意味もあります。

  He was at home then.　　　　「彼はその時家にいた」
  There are many people here.　「ここにはたくさんの人がいる」

be 動詞はその変化形として 8 つしかありませんのでしっかり覚えておきましょう。

〈be 動詞〉

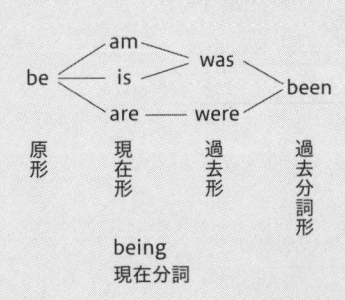

```
        am ──── was
be ──── is ─────────── been
        are ─── were
原      現      過      過
形      在      去      去
        形      形      分
                        詞
                        形
        being
        現在分詞
```

現在進行形は「be ＋動詞の ing 形」で表します。文字通り今進行中の行動について表現します。

  He is watching TV. 「彼はテレビを見ているところです」
  What is she doing? 「彼女は何をしているの？」

現在形と現在進行形の違いに迷う方がいます。「私は彼を知っている」といった文を英訳する時に、「"知っている" だから〜 ing を使おう」とするのです。日本語で判断するのではなく、その文法のイメージを頭に思い描くことが大事です。

〈現在形と進行形のイメージ〉

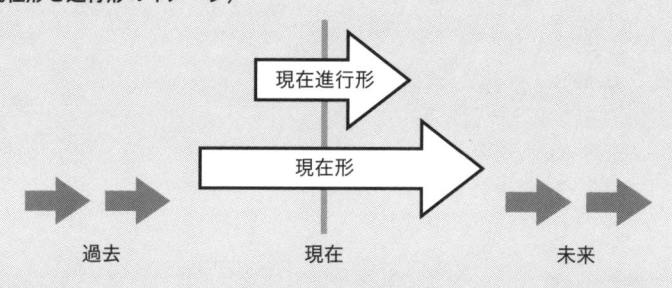

現在形は現在進行形よりも表現する時間の幅が広いのです。

  I study English.
   →しばらく前から日常的・習慣的に英語を学習している。きっと明日も明後日もそうであろうことが推測できる。

  I am studying English.
   →今この瞬間は英語を学習していることを強調している。30 分前は何をしていたかわからないし、30 分後は別のことをしているかもしれない。

このような違いがあるので I know him. を "I am knowing him." としてしまうとおかしいことになります。「今この瞬間彼のことを知っている（けど、5 分前は知らなかったし、5 分後は忘れてしまうかも）」というニュアンスになるからです。現在進行形は「今、（目の前で）行われていることを伝える」と覚えておきましょう。

❏ 過去形

過去形は文字通り「過去のある時点の話」です。

I went to Disneyland last week.
「先週、ディズニーランドへ行った」

I played baseball when I was a student.
「学生時代、野球をやっていました」

I was a policeman 10 years ago.
「10年前警察官だった」

　現在形が現在の習慣を表すように、過去形も過去の習慣を表すことができます（2つ目の例文）。過去形で注意して欲しいのは「その時〜だった（今は違う）」というように、「今は違う」というニュアンスが入ることです。このニュアンスを理解できると完了形の概念が理解できますので覚えておいてください。
　進行形のbe動詞を過去形にすると過去進行形になります。「その時〜している最中だった」という意味を表します。

I was reading a book when he came in the room.
「彼が部屋に入ってきた時、私は本を読んでいた」

　過去形は動詞の変化形を覚える必要があります。基本的には単語の最後にed(d)をつけるのですが、不規則に変化する動詞もあるので、覚えてしまいましょう。

❏ 未来の表現

　英語には、現在形や過去形のように動詞の変化形で表す、いわゆる「未来形」というものは存在しません。そのため何通りかの方法で未来のことを表します。「willはbe going toに置き換えられる」と教わった人もいると思いますが、厳密に言えば正しいとは言えません。表現が異なれば、伝わるニュアンスの違いがあるのが言葉だからです。

　　　(1)　I will go to France.
　　　(2)　I am going to go to France.

　この2つの文はどちらも「フランスへいくつもりだ（予定だ）」を意味しますが、willの方がどちらかといえば今決めたような印象で、be going toを用いると既に決まっていたことで、いくらか準備が進んでいるようなニュアンスになります。

　　　(3)　I am going to France.

という表現も可能です。「進行形だから、"私はフランスへ行っているところです"という意味？」と思うかもしれませんが、これもれっきとした「未来の表現」です。「進行形（be ＋ 〜ing）」で、近い未来で実現の可能性が高いことを表すことができるのです。準備がほとんど整って、近日中にフランス行きの飛行機に乗ることが決定しているようなニュアンスを持っています。進行形との違いは文脈で判断します。

●未来表現のまとめ

(1)の will は元々の意味は「意思」です。will は「〜するという意思を持っている」という意味で未来のことを表現します。

(2)の be going to は元々 "go to" です。そう、「〜へ行く」の進行形なのです。そのまま解釈すると、「フランスへ行くという状況へ向かっている最中」となります。will よりも具体的に物事が進みつつあるイメージです。

(3)は I go to France. が進行形になった形です。直訳すると「私はフランスに行っている最中だ」となります。「今まさに〜している最中」と進行形で言ってもよいくらい物事が確定的に進んでいる気持ちが表れています。

❏ 完了形

多くの人がつまずくのが完了形です。完了形が難しく感じるのは「日本語にない文法」だからでしょう。次の日本文をよく見てください。

「私は教師を10年やっています」

この「やっています」は状態を表す表現ですが、形は現在形です。しかし "I am a teacher for 10 years." ということはできません。英語の現在形は現在のことのみを表現し、7年前、8年前、9年前など過去のことを含意しないからです。日本語では「やっています」という現在形で10年分の行動を示唆できるのに対し、英語では現在形で過去のことを意味することはできないのです。

「私は教師を10年やっています」→ 10年前からずっと教師をやっている。

（現在形）　I am a teacher. → 10年前教師だったかどうかは分からない。
（過去形）　I was a teacher 10 years ago. → 今教師かどうかは分からない。

文法基礎講座

英語の現在形と過去形では「10年間ずっと〜してます」を意味することができないため、別の表現が必要になります。それが「現在完了形」なのです。

● 3つの異なる用法

現在完了形は、「have ＋ 動詞の過去分詞形（Vpp）」で表現されます。現在完了形には以下の3つの用法があります。

（継続用法）
　I have been a teacher for ten years. 「私は10年間教師をやっています」
（経験用法）
　I have read the novel once. 「私は一度その小説を読んだことがあります」
（完了用法）
　I have finished my homework. 「私は宿題を終えました」

本文にもたくさん現在完了形は使われています。その一つをご紹介しましょう。

　　　You *have helped* me very much!（p.196 2行目「The Wild Cat and the Acorns」より）
　「とても助かりましたよ」

現在完了形が使われているので「過去から現在まで」の時の流れを感じさせます。一郎が時間をかけてここまで来て、どんぐりたちの言い分を聞いて山猫にアドバイスを与えたという一連の行動への山猫の感謝が感じられる文章です。

完了形は日本語にない上に用法が3つあり、使い分けないといけないので日本語話者にはハードルが高いようです。しかし、日常会話でもよく使われるので、完了形をマスターすれば、英語をマスターできます！

ここでも「文法に込められた気持ち」で解説しましょう。まず現在完了形は「過去から現在までの行為」を表すと覚えてください。

〈完了形のイメージ〉

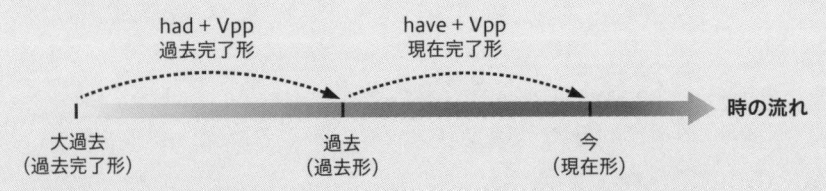

```
        had + Vpp              have + Vpp
        過去完了形              現在完了形
   |--------→|--------→|--------→   時の流れ
   大過去         過去          今
 （過去完了形）  （過去形）    （現在形）
```

このイメージはとても大事です。現在完了形は「have + Vpp」だと習いますが、"なぜ have を用いるのか"は知っていますか？

have の元々の意味は何でしょう？「持っている」ですね。だから完了形は「Vpp を持っている」つまり「V したという状態を持っている」ことを表します。完了形で表現したい心を説明すると以下のようになります。

I have been a teacher for ten years.
（10年にわたって教師をしていたという状態を今持っている）

I have read the novel once.
（一度読んだ、という経験を今持っている）

I have finished my homework.
（宿題を終えた、という状態を今持っている）

have は「持っている」なので、「〜した／〜してきた」という行為が今の自分に何らかの影響を及ぼしていることを示唆します。

(1) 　I finished homework.
(2) 　I have finished homework.

この2つは「私は宿題を終えた」と訳すことができますが、ニュアンスが異なります。(1)は過去の「終わった」という事実の報告です。一方、(2)は現在完了形なので、「時間をかけて宿題をやってきて今終わった」というニュアンスを感じさせます。もしくは宿題を終えた状態が今の自分に影響を及ぼしている、例えば終わったからもう遊びに行ける、などの意味の広がりを感じさせます。

(3) 　How are you?「元気ですか？」(現在形)
(4) 　How've you been?「元気にしていましたか？」(現在完了形)

(3)はその時の状態のみを質問しているのに対し、(4)は現在完了形を用いていますから「過去から現在までの状態」を尋ねています。つまり「前回会った時から今日までどうしてた？　元気にしてた？」というニュアンスになるのです。

(5) 　I lost my key.（過去形）
(6) 　I have lost my key.（現在完了形）

両方とも「鍵を無くしました」と訳せますが含まれる意味が異なります。(5) は「無くした」という事実報告です。前述したように過去形は「今はちがう」ことを暗示するので、その後鍵が見つかったり、鍵を新調したかもしれません。

それに対して (6) は「私が鍵を無くした状態を今も持っている」ので、今も鍵は見つかっていないことが示唆されます。

人は様々な行動の積み重ねで時を過ごしていきますから、過去の行動が今の自分に影響を及ぼしていることはよくあることです。それゆえ日常生活でも、完了形はよく使われます。ぜひマスターしてください。

ちなみに過去の時点よりも前のことを表す表現を「過去完了形」といいます (p.218 完了形のイメージ図参照)。物事の順序をはっきりと伝えるために使います。

> I lost my watch yesterday, which I *had bought* 5 years ago.
> 「5年前に買った時計を昨日無くした」
> (「買った」が「無くした」よりも前なので過去完了形 (had + Vpp) で表す)

> When I got to the station, the train *had* already *left*.
> 「私が駅に着いた時は、すでに列車が出発した後でした」
> (「駅に着いた」よりも前に列車は「出発していた」ことが明示されている)

本文にも以下のような表現が出てきました。

> He *seemed* glad that Ichiro *hadn't chosen* the fish head.
> 　　　　　　　　(p.200 1行目「The Wild Cat and the Acorns」より)
> 「一郎が魚の頭を選ばなくて彼はホッとしたようだった」

過去完了 (hadn't chosen) と過去形 (seemed) の出来事の順番がはっきりと分かります。魚の頭を選ばなかったという一郎の過去の選択を喜んでいるわけです。

言葉や文法の概念を理解するには、たくさんの例に触れて、何度も自分で使うことが大事です。ぜひ本文や例文を何度も音読してみてください。

4. 仮定法

　仮定法も英語の難関文法と言えるでしょう。しかし完了形同様、とてもよく使われる文法です。避けては通れませんからぜひ覚えましょう。

　　　If I *were* a bird, I *could* fly.　　「もし僕が鳥なら飛べるのに」

　　　I wish I *could* speak English.　　「英語が話せたらなあ」

　　　If I *had* much money, I *could* buy the car.
　　　「もしたくさんお金があれば、あの車が買えるのに」

❏ 仮定法過去

　「今もし〜だったらなあ」という現実とは異なる気持ちを述べる方法を仮定法過去と言います。今の話なのに過去形を用いることが仮定法を難しく感じさせます。そこで、なぜ仮定法では過去形を用いるのかその「気持ち」を説明しましょう。

　　　I saw the movie yesterday.　　「私は昨日その映画を見た」

　　　I was a student 10 years ago.　「私は 10 年前学生だった」

　昨日や 10 年前などの過去の出来事は、「遠い距離」を感じさせます。どう頑張っても昨日にも 10 年前にも戻ることはできませんから、過去形は「今の自分からかなり遠い」ことを感じさせる文法です。

　仮定法に戻ってみましょう。「自分が鳥である」世界は近くにあるでしょうか？もちろんそんな世界は近くにはありません。とても「遠く」にあるイメージです。現実とは違う世界に到達することは不可能です。だから仮定法は過去形を用いるのです。「遠い」気持ちは「過去形」で！と覚えましょう。

　図に書くと次のようになります。

〈仮定法のイメージ〉

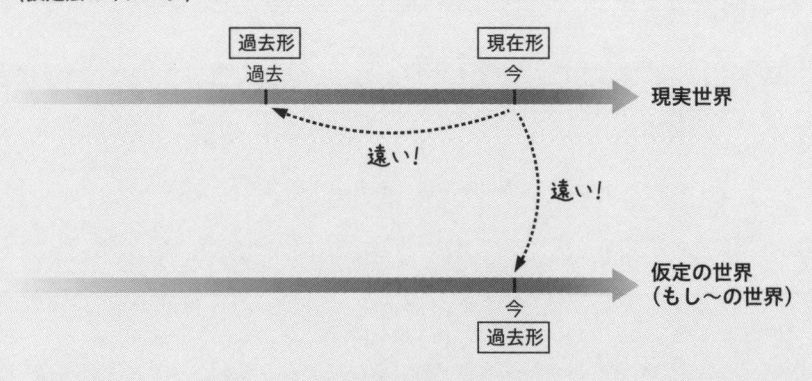

過去形　過去
現在形　今
現実世界
遠い！
遠い！
今
過去形
仮定の世界
(もし〜の世界)

　仮定法ではbe動詞は主語に関わらずwereを使うというルールがありますから、If I was 〜ではなく、If I were 〜となります。

　　If I were you, I would visit the temple.
　　「もし私があなただったら、その寺を訪れますよ」

　　If only she were my girlfriend... 「あの子が僕の彼女だったらなあ…」

　　...as if all his troubles *were* gone. (p.34 4行目「Gorsch the Cellist」より)
　　「…あたかも彼の悩みが全て去ってしまったかのように」

　猫が立ち去っただけで、全ての悩みが解決したわけではないため仮定法が用いられています。またこの表現はとても文学的で、troublesに「動物たちの訪問」も含んで考えてみると、猫は去ったけれどもゴーシュの元にはこの後も、毎夜動物たちが訪ねてくることを仮定法で暗示しているとも解釈できます。仮定法の「現実とは違う」という感覚を忘れずに読むと、文学作品がますます面白くなります。

❏ 仮定法過去完了

　次は過去の事実に反する仮定の話を述べる方法です。「仮定法過去完了」と言います。時制の項目で学習した過去完了形（had + Vpp）を用います。

　　if my baby *had* just *gotten* sick sooner... (p.64 10行目「Gorsch the Cellist」より)
　　「もし私の赤ちゃんがもっと早く病気になっていたなら…」

現実は「赤ちゃんが病気になったらすぐにゴーシュが演奏をやめてしまった」です。その事実に反する「あの時もっと早く（演奏が続いている間に）病気になっていたら、演奏が聞けたのに」という気持ちを表すために仮定法過去完了が使われています。

他の例文でも学習してみましょう。

If I *had had* a car, I *could have driven* you to the station.
「もし（あの時）私が車を持っていたら、あなたを駅に連れて行ってあげられたのですが」

If I *had been* you, I *would have studied* harder.
「もし（あの時）私があなただったら、もっと一生懸命勉強したでしょう」

下線部は元々 had だったのですが、直前に助動詞 could と would があるため原形になっています。
仮定の世界では、現在のことは過去形、過去のことは過去完了形で表しますが、ややこしいですね。これも先に説明した「遠さ」で説明ができます。

〈仮定法過去完了〉

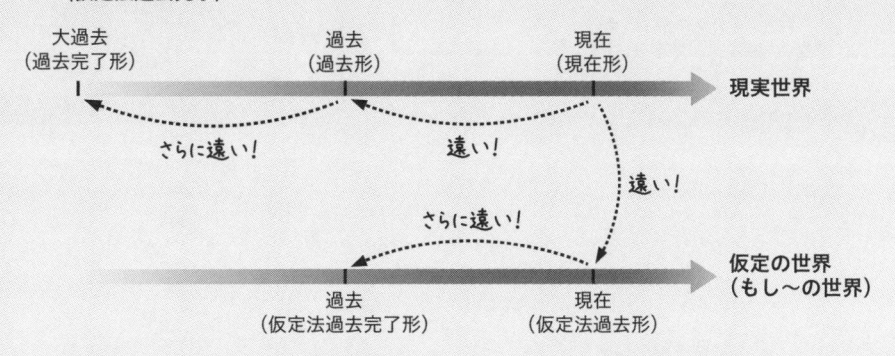

大過去（過去完了形） — 過去（過去形） — 現在（現在形） → 現実世界
さらに遠い！　遠い！　遠い！
過去（仮定法過去完了形） — 現在（仮定法過去形） → 仮定の世界（もし〜の世界）
さらに遠い！

現実世界では、「過去（過去形）」は遠く、「過去よりも過去（過去完了形）」はさらに遠い感覚です。「仮定の現在（仮定法過去）」は遠く、「仮定の過去（仮定法過去完了）」はさらに遠い感覚です。遠い感覚が増すにつれ時制が変化することを感じ取ってください。「文法の後ろに感情あり」を忘れず、一歩ずつ英語の世界を楽しんでいきましょう！

[IBC対訳ライブラリー]
英語で読む宮沢賢治短編集

2016年5月3日　第1刷発行

原著者　宮沢賢治

発行者　浦　晋亮

発行所　IBCパブリッシング株式会社
〒162-0804 東京都新宿区中里町29番3号 菱秀神楽坂ビル9F
Tel. 03-3513-4511　Fax. 03-3513-4512
www.ibcpub.co.jp

印刷所　中央精版印刷株式会社

© IBC Publishing, Inc. 2016

Printed in Japan

落丁本・乱丁本は、小社宛にお送りください。送料小社負担にてお取り替えいたします。
本書の無断複写（コピー）は著作権法上での例外を除き禁じられています。

ISBN978-4-7946-0408-8